ゼロ戦と日本刀

強い日本を取り戻せ

百田尚樹　渡部昇一

PHP文庫

○本表紙図柄＝ロゼッタ・ストーン（大英博物館蔵）
○本表紙デザイン＋紋章＝上田晃郷

まえがき　奇跡の戦闘機が教えてくれたこと

百田尚樹

渡部昇一先生とは月刊誌『Voice』誌上で三度対談させていただきました。

対談テーマは「ゼロ戦（零戦、零式艦上戦闘機）」に始まり、「大東亜戦争」さらに「戦後の復興」や「これからの日本」についてなど、多岐にわたるものでした。しかし一貫してあった大きなテーマは、「日本人とは何か」ということで、毎回、非常にスリリングな対談となりました。渡部先生は御年八十歳を超えているとはとても思えない気力横溢《おういつ》な方で、その博学、洞察力に毎回おおいに刺激を受け、また勉強になりました。

さて、「日本人とは何か」を考える意味で、日本の歴史上の最大の戦いであった大東亜戦争をつぶさに検討することは大変に重要なことです。日本海軍は広い太平洋で何度もアメリカ海軍と戦いました。勝利した戦いもあれば敗れた戦いもあります。それらを見ていくと、そこには単に戦術だけではない、「国民性」が見えてきます。

じつは一国が総力を挙げて戦う「戦争」は、しばしばその国（と国民）のもつ長所と短所が露骨な形で現れます。戦術、戦略、兵器、用兵――これらに、その国民性が如実に出るのです。

その意味で、「ゼロ戦」という戦闘機は、まさしく日本と日本人を象徴する飛行機だったといえます。

完成した当時は、速度、旋回性、航続距離とも世界最高水準の性能をもち、二〇ミリ機銃を備えた破壊力は群を抜いていました。飛行機の設計は非常にデリケートなもので、速度を重視すると旋回性が犠牲にされ、逆に旋回性を重視すると速度が落ちます。したがってどちらを重視するかということが、設計思想に現れるのですが、驚いたことに零戦は、本来矛盾する両方を兼ね備えた奇跡の戦闘機として誕生したのです。しかし考えてみれば、これは間違った設計思想といえるかもしれません。なぜなら一〇〇〇馬力という欧米の戦闘機に比べても小さなエンジンしか搭載できなかった戦闘機が、そこまでの性能を発揮することは本来無理だったからです。しかしゼロ戦はそれを可能にしました。「防御力」をすべて犠牲にするという方法で。

「防御力をなくす」——これは同時代の各国の戦闘機の設計思想にはなかったものでした。ちなみにアメリカの戦闘機は、「パイロットの命を敵弾から守る」ということを非常に重視していました。攻撃力を犠牲にしても防御力を上げました。

では、なぜゼロ戦には防御が施されなかったのか。別の言い方をすれば、なぜ防御力を犠牲にして攻撃力を選んだのか。じつはここに日本人の国民性があります。これらの話は、渡部先生との対論のなかでたっぷりと語っています。

国民性が現れるということでは、大東亜戦争の個々の海戦についても同様です。

勝利のなかにも長所と短所があり、また敗戦のなかにも長所と短所がありました。戦術も用兵もアメリカ軍とは根本的な思想の違いがありました。また限定された戦闘における戦術だけではなく、大きな戦略においても同様です。いや、むしろ戦略眼こそ、もっとも国民性が現れる部分かもしれません。

これらのテーマにおいて渡部先生との対談は、じつに有意義なものでした。また大東亜戦争を検証することで、現代の日本の長所と短所も見えてきました。


ところで、大東亜戦争が終わって六十八年が経《た》ちました。六十八年というのはすごい年月です。ほぼ一つの世代が入れ替わる年月です。ちなみにソビエト連邦が誕生して崩壊するまで六十九年かかっています。一つの思想が消えるまでそれくらいの年月が必要ということかもしれません。

しかし現在の日本が抱える諸問題の多くは、じつは六十八年前の敗戦に起因する部分が少なくありません。もっとはっきりと言えば、戦後のGHQ（連合国軍総司令部）による七年間にも及ぶ占領政策が今も尾を引いているのです。GHQは日本人に「ウォー・ギルト・インフォメーション・プログラム」（WGIP）を施しました。これは日本人に「贖罪意識」を植えつけることを目的としたものです。この洗脳は完全に成功し、日本人の多くが「自虐思想」をもつに至りました。残念なことに六十年以上経ったいまも、多くの日本人に根強く残っています。その意味では、ソビエト共産主義よりも強い思想を植えつけられたのかもしれません。

対論の後半では、ＧＨＱが日本国民になした「洗脳教育」について語っています。

この対論をお読みになった読者のみなさんが、日本人とは何かということを考えるきっかけとなり、また新しい日本について真剣に考えるヒントになれば、嬉しく思います。

平成二十五年十一月

ゼロ戦と日本刀　目次

第一部 戦争の勝敗を分けたもの

第一章 真珠湾奇襲攻撃は騙し討ちか――渡部昇一

第二章 アメリカは一度も宣戦布告をしていない――百田尚樹

第三章 ミッドウェー海戦の敗因——渡部昇一

第四章 ガダルカナル島でもチャンスはあった——百田尚樹

第二部 二十世紀の歴史は石油が動かした

第三部 戦後の復興を支えたもの

第七章 敗戦を戦後の糧にした――渡部昇一

第八章　原動力は働く喜び——百田尚樹

第四部 強い日本を取り戻す

第九章 マッカーサーの証言を知ってほしい―― 渡部昇一

第十章 国民の声なき声が聞こえるか―― 百田尚樹

本文写真◎shu tokonami
構　成◎清水　泰

巻頭対談

ゼロ戦と日本刀

世界最高なのになぜ負けた？

百田尚樹×渡部昇一

渡部　かつて連合軍の将兵を畏怖させたゼロ戦パイロットたちの超人的な活躍と死闘、国や戦友、そして家族への尽きぬ思いを描いた百田さんの作品『永遠の0《ゼロ》』（講談社）は不朽の名作です。私も溢れる感激と涙を抑えることができませんでした。日本人の一人として、この本を書いてくださったことに心より感謝したい。映画版『永遠の0』と併せて、できるだけ多くの人に読んでほしいですね。

私はシナ事変が始まる昭和十二（一九三七）年に小学校へ入り、終戦時は中学三年生。物心ついたころからずっと戦争という世代です。その私から見ても、『永遠の0』を歴史の授業の副読本にしたらいいと思うほど、あの戦争の経過と日本人の心情が丁寧に描かれています。そして大東亜戦争とともに、百田さんの作品がよみがえらせてくれたのが、ゼロ戦の存在です。

百田　『永遠の0』は終戦六十年目の夏に、戦後世代の姉弟が、ゼロ戦パイロットとして幾多の戦場を闘い最期は特攻に散った祖父の生涯を調べていくという形で物語が進んでいきます。もう一人の主人公というべきゼロ戦（正式名称「零式艦上戦闘機」）は昭和十二（一九三七）年、三菱の主任設計技師・堀越二郎さんが「長大な飛行距離と卓越した格闘性能を併せもつ」という海軍のとてつもない要求を満たして設計したものです。海軍が「十二試艦上戦闘機計画要求書」を中島飛行機と三菱に示して競作をさせたところ、中島飛行機側は「こんな過酷な要求では飛行機ができない」と早々に降りてしまった。ところが、三菱の堀越さんは「やってみせる」といい、この不可能事を成し遂げたのです。

海軍のいわば秘密戦闘機でしたから、日本人が世界最高級の傑作戦闘機・ゼロ戦の存在を知ったのは戦後のことです。零式という名称は当時、採用年次の皇紀（初代「神武天皇」即位の年が皇紀元年）下二桁を軍用機の名称とする規定があり、海軍に制式採用された昭和十五（一九四〇）年が皇紀二六〇〇年であることから命名されました。

ゼロ戦の美しさともろさ

百田　このゼロ戦は、あらゆる意味で日本と日本人を象徴していると思います。資源の乏しい国がこしらえたゆえに、美しさと表裏一体のもろさをもっている。たとえるとその斬れ味は、日本刀に似ています。美しく強靭でありながら、同時に折れやすい。

不可能を可能にするため、ゼロ戦はその代償をいくつか払っています。まず、製造にかかる時間とコストです。製作の工程数がきわめて多く、したがって部品の数も多岐にわたる。また最高速力五〇〇キロというスピードを実現するため、胴体内を補強する骨組みを一グラムでも軽くしようとした。強度ギリギリ、これ以上開けたら危険というところまで構造体に穴を開け、ボディも削れるところはすべて削った。ゼロ戦はつくるのに大変な技術がいったのです。

そしてゼロ戦は日本刀と同様、防御が弱かった。パイロットを守る背中の鉄板がないので、流れ弾でも一発当たればパイロットは即死か瀕死の重傷を負い、ゼロ戦も墜ちる。しかも当時、各国の戦闘機が数百キロ飛ぶのが精一杯という時代に、三〇〇〇キロを飛ぶという桁外れの航続距離を実現するため、翼のなかにも燃料タンクを設けました。翼はいちばん撃たれやすいから、一発で炎上墜落です。

その一方でゼロ戦は造形が非常に美しい。主翼表面を見ると、流麗なカーブを描いています。これだけきれいなカーブの翼は、熟練した職人にしかつくれません。まさに名匠がつくった名刀といえます。

紛れもなく当時における世界最高水準の戦闘機で、倍の敵戦闘機と渡り合う戦闘力を有していました。だからこそ、現在でも世界中にファンがいる。これも日本刀とよく似ています。

渡部　いうなれば美術品です。日本には武器をも美術品にする伝統があったというべきでしょうか。実際に、名刀正宗で敵と斬り合ったなどという人はいないわけで、すぐに刃がボロボロになって駄目になってしまう。戦場では丈夫で乱暴に扱える槍などのほうが、よほど使いやすかった。

そういう美術品の域にあるゼロ戦に一撃必殺の二〇ミリ機銃を装備し、無類の戦果を挙げました。二〇ミリ機銃は初速が遅く、使いこなすにはそうとうの技量が必要でした。名刀のようなゼロ戦の戦闘力を引き出すには、名人でなければ無理だったということです。

精鋭パイロットが操るゼロ戦の戦闘力がいかに優れていたか。個人的な体験をいうと、蔣介石が逃げ込んだ重慶に日本軍が空から攻撃を仕掛けたときのニュースで、初めてその威力を知りました。当時、シナの戦闘機との空中戦で日本の爆撃機が受ける被害はしだいに大きくなっていましたが、昭和十五年九月に「敵機約三〇機を全部撃墜」というニュースが入ってきたのです。日本軍の飛行機は損害ゼロで、私の父が「日本は素晴らしい」と興奮したことをよく覚えています。後でわかったことですが、それがゼロ戦の初陣でした。

日本の爆撃機の被害が大きくなっていたのは、爆撃機の護衛についていた戦闘機の航続距離が短く、いったん給油のために退避した、その間隙を縫ってシナの戦闘機が攻撃する戦法を取っていたからのようです。航続距離の長いゼロ戦は帰還するふりをして、敵機が現れたところで戻り、全機を撃墜しました。

ゼロ戦の活躍で完全に制空権を確立し、空中戦で失ったゼロ戦は一機もありませんでした。

戦艦大和はなぜ出撃しなかったのか

渡部　もし仮にヒトラーがゼロ戦を一〇〇機もっていたら、ドイツはバトル・オブ・ブリテンに勝ち、第二次世界大戦の帰趨はまったく違ったものになっていたでしょう。ドイツの戦闘機メッサーシュミットは航続距離が短く、爆撃機の護衛任務が果たせなかった。直線距離にしてわずか三四キロのドーバー海峡が問題で、帰りには燃料が切れて海へ落ちていったといいます。ゼロ戦の性能をもってすれば、ロンドン上空を一時間にわたって制圧できたはずです。

戦争中、フィリピンを支配していたマッカーサーも、フィリピンでアメリカ空軍を潰したゼロ戦隊は空母から飛んできたと思い込み、台南から来たとは信じなかった。当時の常識ではありえないほどの航続能力だったのです。

百田　昭和十七（一九四二）年八月、米軍がガダルカナル島に上陸したのを機に、両軍の航空部隊の間で死闘が始まります。ラバウル基地から出撃したゼロ戦部隊が一〇〇〇㎞を飛行し、ガ島上空で激闘を繰り広げる。そのときアメリカの空母は、ガ島に日本の空母艦隊が近づいていると錯覚していました。まさか一〇〇〇キロもの距離を戦闘機が飛んできたとは思わず、次々に来襲するゼロ戦の母艦となる空母がいるはずと考えたのです。

とくにガダルカナル島の戦いの初日（昭和十七年八月七日）で、アメリカの戦闘機隊はゼロ戦のエース、西澤廣義をはじめラバウル航空隊の決死の活躍により、軒並み撃墜されました。この日、西澤は一日に六機も墜としたそうです。まともに戦ったらやられるということで、アメリカ軍の空母はガダルカナル島に上陸した友軍を置き去りにして、いったん後ろへ退きました。

同じ日の夜、第一次ソロモン海戦で、日本の巡洋艦隊が連合軍の巡洋艦隊を壊滅させます。まさに一方的勝利で、もしそのまま進撃していたら連合軍の輸送船団は全滅していたでしょう。ところが日本の巡洋艦隊は、米空母を恐れて退却するのです。じつはゼロ戦部隊の奮闘で米空母は避退していたのに、絶好のチャンスを逸してしまった。アメリカ太平洋艦隊司令長官ニミッツの回想録に、日本がもう一押ししたら負けていた戦闘が何度もあった、というくだりがあります。

渡部　詳細はのちほど語りますが、真珠湾攻撃に始まる対米戦争における日本海軍の戦略眼のなさは致命的で、ゼロ戦という名刀を生かせなかった要因もここにあります。そして艦船の損失を恐れるあまり、どこか消極的な戦い方を続ける一方で、ラバウルのゼロ戦隊には毎日出撃を命じるなどの無茶をさせつづけた。一〇〇〇キロというのは東京から屋久島（鹿児島県）間に相当します。繰り返し出撃命令を出した上官は、率直にいって馬鹿ではないかと思う。

ゼロ戦パイロットが連日死地に赴いていたころ、連合艦隊司令長官の山本五十六が何をしていたかというと、トラック泊地の戦艦大和にいて、楽隊付きで飯を食っていました。四六cmの巨砲を抱えながら動かぬ大和を、将兵たちは陰で「大和ホテル」と批判したそうです。山本はなぜあのとき、大和や武蔵をガダルカナル水域に派遣しなかったのか。当時、まだ米軍には二隻の巨大戦艦を沈めるだけの力はなかったはずです。そのころはまだ米軍の魚雷の性能は日本軍に劣っていました。

にもかかわらず、連合艦隊の司令部は反《そ》っくり返って何もせず、あたら若い命をすり潰したという印象があります。戦艦大和の最期は、沖縄に無謀な海上特攻に向かう途中、米軍機に撃沈されるというものでした。戦うべきときに戦わなかった悲劇を感じます。

日本には「盾」の思想がない

百田　ゼロ戦と同時期に開発された米海軍のグラマン戦闘機は、鋏《はさみ》で切ったように粗いところがある。そのため、旋回性能ではゼロ戦に劣っていましたが、頑丈につくられていた。大量生産向きの機体でしたね。設計がシンプルなグラマンは、近所のオバチャンでもつくれた（笑）。最高級の機体をコツコツとつくっていくより、少しくらい性能が落ちても出来不出来の差が少ない規格品を大量生産したほうが戦争に勝つという発想です。操縦もゼロ戦と比べれば容易ですから、パイロットの養成もしやすい。

キル・レシオ（kill ratio／撃墜対被撃墜比率）という、互いの損害度合いを表す比率があります。昭和十八（一九四三）年以降、戦況の悪化や高性能の敵戦闘機の出現によって、さしものゼロ戦隊も苦戦を余儀なくされるのですが、それでもキル・レシオの比率はほぼ同等を保っていました。これは日本のパイロットの技量がいかに卓越していたかを物語っています。

たしかに時間無制限、一機対一機の空中戦なら、「ゼロ戦の勝ち！」でしょう。しかし戦争はそうではない。たくさんのゼロ戦とたくさんのグラマンが何年も何カ月もかかって戦う。最終的に数で勝負という部分も大きいのです。

そもそも米軍は、パイロットに対してゼロ戦にしてはならない「三つのネバー」を指示して厳守させています。「ゼロと格闘してはならない」「低時速で上昇中のゼロを追ってはならない」「時速三百マイル以下で、ゼロと同じ運動をしてはならない」。これらを犯せば必ずゼロに墜とされるからです。しかし同時に、防御が弱く一発でも当てれば墜ちるゼロ戦の弱点も見抜いていました。

ゼロ戦を日本刀に喩えましたが、日本刀は、とにかく丈夫で強く重たい西欧

渡部昇一氏

や中国の刀とはまったく違います。日本刀がもつ美しさと表裏一体の脆さは、「盾」の思想がない日本そのものなのです。もともと「矛盾」という言葉があるくらい、矛と盾は同時にあるのが常識です。ところが日本には「矛」はあっても、「盾」の思想・文化がなくなってしまった。盾と矛が同時にある西欧人は、まず巨大な盾で相手の剣を防ぎ、そして剣で攻撃する。この戦い方が自然と身についているんですけど、日本人は違う。いつの間にか、お互い生身の体で斬り合うようになった。「攻撃は最大の防御」で盾の思想がないんです。

じつは第二次世界大戦のゼロ戦を含めた日本の戦闘機はもちろん、空母も戦艦もす

百田尚樹氏

べてがそうです。たとえば日本の空母と米ヨークタウン型空母の大きさに大差はありません。細部の違いは山のようにあるのですが、根本的な違いは用法です。空母に搭載する航空機は、敵機から身を守り味方の攻撃機を援護する護衛戦闘機、急降下爆撃機、そして魚雷を装備する雷撃機の三種類に大別される。この三種類の比率が、日本の空母は急降下爆撃機と雷撃機が高く、護衛戦闘機は少ない。アメリカは正反対です。

アメリカの空母はまず、しっかりと守りを固めて、余力があったら攻める。巡洋艦でも、日本の巡洋艦はスペックデータ上はアメリカの巡洋艦を圧倒している。速力、火力、雷撃能力などのすべての面で上回っています。にもかかわらず、実戦に出た場合、日本の巡洋艦は米軍の魚雷一発で沈んでしまう。

　空母の構造上の違いを挙げると、日本の空母は閉鎖格納庫で、飛行機をがっちりと覆っていました。対するアメリカの空母は開放格納庫で、文字どおり開放されており、なかがスカスカ。さらに、甲板にむき出しで飛行機を並べていました。当然、海からの潮風が当たるので、すぐに機体が傷みます。でもアメリカはそれでよかったのです。使えなくなった機体を捨てれば、また新しい機体を載せられるのですから。

　ミッドウェー海戦で日本の空母がわずか数発の爆弾で沈んだのも、閉鎖格納庫に問題があったからです。閉じた格納庫のなかに飛行機を後生大事に積んであるから、内部で爆発が起きると、閉鎖空間で爆風が一気に艦全体を覆います。アメリカは開放式なので爆風を外へ逃がすことができ、誘爆も起こりにくかった。いわゆるダメージ・コントロールに長《た》けた構造だったのです。なおかつ攻撃を受けて火災が発生したり損傷したりした場合に応急処置をする専門要員が搭乗していました。日本の軍艦には一人もいませんでした。

渡部　私がミズーリの大学院で教鞭を執っていた当時、いわゆるＧＩ出身で復員後に奨学金をもらい、大学で学ぶ院生がいました。私より年上の院生もいて、趣味を聞いたら、飛行機だというのです。近くに飛行場があるのかと思ったら、裏庭に飛行機がそのまま置いてある。家の裏の畑の一部が自分の飛行場なんですね。自家用車と似た扱いで、多少汚れても気にしない。消耗品として割り切っているようなところがありました。

日本の海軍では、被弾して火が噴いた際に、ポンプで海水をくみ上げて消火することを非常に嫌がったといいます。戦場で兵士の生き死にがかかっている緊急事態においても、海水の塩分で装備や設備が使えなくなるのを躊躇したというのですから、ケチな根性というしかありません。

これは東京電力福島第一原発事故ともつながる話でしょう。あの事故でも、海水を原子炉に注入して冷やしたら、使用不能になってしまうと東京電力は躊躇して、貴重な時間を無駄にしたそうです。

世界最高の戦闘機を牛で運ぶ

百田　一流の職人しかつくれない美しいゼロ戦を生み出す名古屋の三菱工場の環境は劣悪でした。さらにひどいのは、工場の横に飛行場がないため、四〇キロ離れた岐阜の各務原《かかみがはら》飛行場まで運ぶ必要があったことです。しかもその道路は未舗装のまま。馬で引けば速いが、揺れが大きくなって、せっかく造ったゼロ戦に問題が生じるかもしれない。仕方がないから牛に引かせて、時速三キロ。一晩かけて各務原飛行場まで運び、そこから全国の航空基地へ飛ばしていました。この状態が一九四五年の終戦まで続いたのです。

ただでさえ製作工程が多くて生産効率が低いのに、完成後の配備も非効率。誰が考えても、工場の横に飛行場をつくるか、飛行場の横に工場を建てるかするのが当然でしょう。それが無理でも、せめて道路は舗装すべきです。当時の道路舗装率が〇・九%とはいえ、前線ではゼロ戦の補給をいまかいまかと待ちかねているのですから。

ところが、道路管理と飛行場管理の行政が縦割りのため別々で、工場管理は民間とすべてバラバラ。これが、日本という国の弱さの元凶だったのではないでしょうか。

名刀であったはずのゼロ戦は、開戦二年目に入ると生産性に加えて質も落ちていきます。物資やエネルギーの不足はもちろん、発動機（エンジン）製造に不可欠な、一〇〇分の一ミリ単位で金属を正確に削る工作機械の消耗が進んだことが理由の一つ。その工作機械はアメリカ製なので、新たに調達することは不可能でした。日本はそのあてもないまま戦争していたのです。

さらにいうと、日本的な平等主義のせいで、世界最高の戦闘機の部品をつくることができる一流の職人にも、平等に赤紙が来て兵隊に取られました。本当の意味での、代わりの人材はいません。

人手が足りなくなって、「地元の中学生でも呼んでこい」「女子挺身隊」だと数をかき集めて、美しくない粗悪なゼロ戦が製造されていきました。

渡部　戦争に勝つためには、優れた兵器や軍事物資を開発生産して安定的に供給しなければならず、その全体最適を実現するための総合的なシステムが必要です。あの戦争では、その肝腎なことが見落とされていました。残念ですが、民度の低さといわざるをえません。

その点、同じ敗戦国でもドイツは違いました。日本の戦中における国内総生産のピークは昭和十六（一九四一）年です。ミッドウェー海戦前、昭和十七（一九四二）年にはすでに落ちはじめていたのです。以降伸びることはありませんでした。一方、ドイツのピークは一九四四年です。ドイツ軍が東部戦線のスターリングラードで大敗を喫したのは一九四三年二月ですが、その後も国内経済は伸びていました。

ドイツ経済と軍需産業を支え、戦争遂行可能なシステムのグランドデザインを描いたのはシュペーア軍需相です。建築家のシュペーアは、ナチス党大会会場の建築プロジェクトなどで発揮した計画・組織経営管理能力をヒトラーに認められ、一九四二年軍需省のトップに抜擢されました。産業界と関係省庁を巻き込んで部品の共通化などを実現し、生産体制の効率化を行いました。そして就任後半年で軍需物資の大幅増産を成し遂げたのです。

シュペーアは、ヒトラーの後ろ盾を得て実質的には徴兵の権限まで握っていました。度重なる大敗で膨大な兵力が失われる時期まで、ドイツでは技術者、熟練工の兵役は免除されていたのです。兵器や軍需物資の生産に欠かせない「戦力」だったからです。ヒトラーが特別に撤退させなかったスターリングラードは例外として、食糧の供給が止まった軍隊はありません。日本軍のように餓死者を出すようでは、アマチュアの戦争だということです。

資源のない国が人を大事にしなかった

百田　昭和十七年の後半あたりから、ゼロ戦の戦いはさらに厳しさを増します。質が落ちたゼロ戦の弱点を新型機のグラマンが狙い撃ちしてくる。流れ弾一発でアウトですから、パイロットたちもさすがに「防弾板をつけてくれ」と要求します。燃料タンクも防弾用にしてほしいと、いろいろ注文する。

しかし防弾板をつけたり燃料タンクを防弾用にして重くしたりすればするほど、ゼロ戦の性能も落ちていく。そこで、ゼロ戦の性能が多少落ちてもパイロットを守るべきか、性能を落とすことはまかりならんかで意見が分かれるのです。議論しているところで、参謀源田実が「うるさい」「余計なことはもう言うな」と。「要は撃たれなければよいのだろう。もっと頑張れ」。それで話は終わり。何の解決策も提示されないまま、精神論で問題が片づけられてしまったのです。パイロットの命を何だと思っているのでしょうか。

以前、本田稔さんという歴戦のゼロ戦パイロットにお会いして話をうかがったことがあります。昭和十七（一九四二）年から十八年にかけて、ラバウルは「搭乗員の墓場」と呼ばれるほどの激戦を戦ってきました。本田さんはその激戦を生き残った搭乗員です。その本田さんが、ガダルカナル島から未帰還のパイロットは半分以上が撃墜ではなく、自ら墜落して亡くなったというのです。なぜでしょうか？

じつは帰還中にパイロットが疲労のあまり睡魔に襲われ、意識を失ってしまうからです。帰路、横を飛んでいる僚機がスーッと高度を下げていく。ゼロ戦には無線がないから起こすこともできない。そうして命を失った戦友の姿を幾度も見たそうです。考えてみれば、片道三時間かけてガダルカナル島に着き、上空で十数分戦ったのち、再び三時間をかけて帰るというのは人間業ではありません。自動車でも、七時間近く一度もパーキングエリアに止まらずに運転を続ければ、体がガタガタになります。

当時の空戦記録を調べると、通常で週二、三回、多いときは週に五回も出撃しています。二十歳前後から二十代後半の若いパイロットが中心だったとはいえ、三日連続で出撃などしたら、体力や集中力がもちません。

本田さんはゼロ戦出撃時、ドライバーを持参したそうです。眠気が襲ってくると、ドライバーで自分の太腿を突く。ところが疲労が蓄積してくると、そんなものでは目が覚めない。どうするかというと、皮が破れたところにドライバーをねじ込んで、グリグリひねるのです。自分の足の肉をえぐって初めて目覚める。それで何とか無事に帰ってきたのだ、といいます。壮絶そのものです。

敵機のアメリカ軍はどうだったかというと、アメリカ軍のパイロットは、ローテーションがきっちり決まっていました。一回出撃したら疲れるから、次の出撃まで何日か休みます。そのローテーションで一カ月か二カ月戦うと、いったん前線から引き揚げて、後方勤務になるのです。あと一週間必死で戦えば、後方勤務が待っていると思って、前線にいる間は死にもの狂いで戦います。疲労やストレスを軽減すると同時に、モチベーションを上げる手段でもあるわけです。

ゼロ戦のパイロットは、昔のプロ野球のピッチャーみたいなものです。アメリカは先発で投げたら、次の登板まで必ず中四日休みます。それが日本の場合は、稲尾和久投手なんか先発、リリーフと毎日投げさせられました。肩が潰れるまで投げろと酷使されて、結局、短い選手生命を終えたのです。いまでも高校野球のピッチャーは甲子園の連投で潰れていきますからね。

先ほどゼロ戦とグラマンを比べて、昭和十八年以降もキル・レシオの比率は、ほぼ同等を保っていたと言いました。にもかかわらず、パイロットの死亡率では日本側が圧倒的に高かったのです。その理由の一つは、アメリカ軍のパイロットは乗機が撃墜されて海上などに不時着しても、潜水艦や飛行艇によって救助されるシステムがあったからです。

一方、日本軍の場合、そうした救助の仕組みは皆無でした。撃墜イコール死を意味していたのです。エンジン・トラブルなどで海上に不時着しても救助の見込みがなく、フカに喰われてしまうこともありました。優秀な搭乗員を多数死なせてしまったのです。とてもやりきれない思いがします。

渡部　そうした実態を知っていたはずなのに、連日、下士官に出撃命令を出していた上官たちは、真の意味で堕落していたというべきです。百田さんは彼らの思いを『永遠の0』のなかで、主人公の一人であるゼロ戦パイロットにこう語らせていますね。

「八時間も飛べる飛行機は素晴らしいものだと思う。しかしそこにはそれを操る搭乗員のことが考えられていない。八時間もの間、搭乗員は一時も油断は出来ない。我々は民間航空の操縦士ではない。いつ敵が襲いかかってくるかわからない戦場で、八時間の飛行は体力の限界を超えている。自分たちは機械じゃない。生身の人間だ。八時間も飛べる飛行機を作った人は、この飛行機に人間が乗ることを想定していたんだろうか」

百田　ラバウル航空隊について調べると、とくに歴戦の搭乗員が何度も発進しています。経験の浅いパイロットは撃墜される可能性が高いけれども、歴戦のパイロットは簡単に墜ちない。つまり人よりも飛行機が大事という発想のもとで、優秀なパイロットが出撃を繰り返し、命を落としていったのです。日本海軍はとことん人間を大事にしませんでした。資源のない国が、モノを大事にして人を大事にしなかったことが敗戦を招いた、といってもよいでしょう。

日本海軍の思想は攻撃一辺倒で、敵軍に攻撃を受けたらどう対処するか、という発想がもともとなかったのです。これは現在の有事立法にも通じる問題ではないでしょうか。他国から攻撃を受けることは考えない、ネガティブな状況ははじめから想定しない、という空気があって、予防の議論に至らないのです。いうなれば言霊主義みたいなものです。結婚式で「切れる」、「別れる」を使わない、受験生に「落ちる」といわないという忌《い》み言葉と一緒です。しかし戦争に敗れれば即、国が滅びるわけですから、万が一を考えずにはおれません。

明治維新以上の歴史的事件

百田　戦後生まれの若い人ほど、祖父たちの世代の戦いぶりを知って驚く傾向があります。われわれは義務教育であらゆる科目を習いますが、欠けているのが近代史の知識です。とくに大東亜戦争については、まったく教えられていない。あの戦争は、明治維新よりもはるかに重大な意味をもつ「歴史的事件」です。わずか四年の戦争で日本は、民間人を含めて三〇〇万人もの人命を失ったのですから。

戦場では、二三〇万人もの兵士が命を失い、そのうち大正生まれの世代が二〇〇万人を占めました。大正世代の男子は約一四〇〇万人だったから、七人に一人が亡くなったことになります。大正後半生まれの二十代前半から中盤の男子に限れば、おそらく三人か四人に一人は戦場で命を落としたのではないでしょうか。これからの日本を背負って立つ若者のおびただしい数の命が、あの戦争で失われたのです。

失ったのは、日本人の命だけではありません。アメリカの空襲で、東京、大阪、名古屋、北九州などの国土が一面の焼け野原と化し、半世紀以上かかって築き上げた海外のインフラ、工場や店舗、投下した資本などが全部没収された。まさにあの戦争は、国が滅ぶかどうかの大事件だったのです。われわれ日本人が、率先して学ばないでどうするのか。

渡部 非戦闘員への非道な爆撃は、日本人という人種への偏見に基づいた大量殺戮であり、ホロコーストと呼ぶべきものです。ホロコーストの原義は、ギリシア語で「(宗教的供物として獣を)燃やす」という意味で、東京大空襲は文字どおりこれに該当します。これは民族絶滅思想(genocide《ジェノサイド》)に基づくものとして批判すべきです。

ですから私は、自分の蔵書カタログを英語で出版したとき、序文に書歴を中心とした自伝を書き、文中で東京大空襲について「ホロコーストされた市(the Holocausted City)」と記しました。フランス国立図書館内に本部をもつ古書学会の機関誌に掲載されましたから、日本が受けたホロコーストの事実は、本好きの間では世界的に広まっていると思います。広島と長崎への原爆投下だけが語られがちですが、本土空襲の焼け方を見ると、地方でも似たような爆撃を受けていることがわかります。

百田　戦争末期、わが国の防空戦闘機は底を突いており、米軍のB29が無防備の本土に跳梁《ちょうりょう》していました。夜間に低空飛行で東京上空を通過し、いったん千葉の房総沖に抜けていく。防空壕に避難していた人びとは空襲警報が解除されると、ひとまず外に出て帰路に就く。その頃合いを見計らったかのように米軍機がUターンしてきて、爆撃を始めるのです。米軍の爆撃の仕方は非道そのもので、四方を爆撃して中央に避難させ、そこにまた爆弾を落とすということをやった。人をどうやって効率的に殺すかを考え抜いた結果です。

米軍はアメリカ国内の砂漠に日本の街並みを再現し、日本の家屋の効果的な破壊方法を研究することまでやっていました。正確な再現のため、ハワイから日系移民の畳職人や襖《ふすま》職人まで連れてきた。そしてどの焼夷弾、爆撃法を使えばもっともよく燃えるかを試したのです。大空襲は五度でしたが、東京への空襲は一〇〇回以上に及びました。

以前、ツイッターで東京大空襲についてつぶやいたことがあります。米軍は東京を五度、（大規模）爆撃しましたが、昭和二十（一九四五）年三月十日の一度目がもっとも悲惨でした。無辜《むこ》の民を一夜にして一〇万人も殺傷した。そのように書いたところ、驚いたことに「アメリカにそこまでさせた日本のほうが悪い」という書き込みが複数寄せられたのです。「日本がもっと早く降伏すれば、空襲はなかった」「頑強に抵抗したのが間違い」という趣旨のコメントを見て、私は絶句するほかなかった。終戦をどう図るかという問題と、非戦闘員への大虐殺はまったく別次元の問題です。因果関係を論じること自体がおかしいでしょう。

渡部　『永遠の0』には、朝日新聞の記者をモデルにしたと思われる人物が登場します。彼は、自爆テロのテロリストと神風特攻隊員は何も変わらない、狂信的な愛国主義者だという持論を展開していました。いくら当事者が、元特攻隊員が、それは違うと否定しても、自分こそが正義と信じて、頑として考え方を変えようとしない。ツイッターのコメントの話を聞いて、このくだりを思い出しました。精神構造がまったく同じです。自爆テロは市民を殺しますが、特攻機は敵の軍艦のみを目的とします。形は似ていますが、本質はまったく違います。

『SAMURAI！』と『永遠の0』

渡部　今回の対談にあたって、一冊の英語の本をもってきました。日本の誇るゼロ戦のエース、坂井三郎さんの戦記『大空のサムライ』を英訳した『ＳＡＭＵＲＡＩ！』です。

私は一九六八年ごろ、アメリカのスーパーマーケットでこの本に出合いました。当時、ミズーリ州の大学の大学院で教鞭を執っていたのですが、アメリカ人の教え子にこの本を読ませてみたら、「最初のうちはアメリカが負けていたのですね」などといわれ、苦笑させられたのを覚えています。

戦時中、軍国少年だった私は、鍾馗《しょうき》や疾風《はやて》、月光などいろいろな戦闘機の名を新聞で目にしましたが、不思議なことにゼロ戦だけは見た記憶がない。ゼロ戦を世界的に有名にしたのは、何といっても坂井さんと、その著書『SAMURAI!』です。

坂井さんの本の功績は、あの戦争を戦った日本人が高潔な武士道精神のもち主であることを、かつての敵国アメリカに知らしめたことです。それまでの日本人に対する野蛮で悪魔的なイメージを覆し、自分たちと同じ感情をもった人間であることを、世界は理解しました。

その意味で私は『永遠の0』はもちろん、特攻隊員の遺書も英訳すべきだと思っています。外務省のODA（政府開発援助）予算の数千分の一の額で実現可能でしょう。特攻隊員の遺書をまとめた英訳本を各国の大学図書館に寄贈すれば、関心をもつ人が大勢います。歴史学者であろうと心理学者であろうと、私の知るかぎり、外国人は日本のことを知りたいと思っていますから。

百田　作者として、また日本人の一人として『永遠の0』もいつの日か英語に翻訳されたら、と願っています。日本の特攻隊員を「悪魔」と恐れたアメリカ人に、実際はこういう人たちだったのか、と知ってほしい。

渡部先生の提案には大賛成で、私は特攻隊員の植村真久《まさひさ》さんの遺書を読むたびに、涙が出てきます。昭和十九（一九四四）年、神風《しんぷう》特別攻撃隊大和隊の第一隊隊長として出撃した立教大学出身の方が一歳の愛娘、素子《もとこ》さんに宛てて書いた手紙です。

「私は、お前が大きくなつて、立派な花嫁さんになつて、仕合せになつたのを見届けたいのですが、若しお前が私を見知らぬまゝ死んでしまつても、決して悲しんではなりません」

「追伸、素子が生まれた時おもちやにしてゐた人形は、お父さんが頂いて自分の飛行機にお守りにして居ります。だから素子はお父さんと一緒にゐたわけです。素子が知らずにゐると困りますから教へて上げます」

アメリカ人から見ても、特攻隊員は尊敬の対象になっています。ケネディ元大統領の甥であるマクスウェル・テイラー・ケネディ著『特攻 空母バンカーヒルと二人のカミカゼ』（ハート出版）という本があります。

バンカーヒルはエセックス級の強靭な空母で、日本海軍はついにこの級の空母を一隻も沈めることができなかった。二機のゼロ戦による特攻でバンカーヒルが沈みかけたのが唯一の例です。同空母は必死の作業によって沈没は免れましたが、三〇〇名以上が戦死するという大損害を被った。それにもかかわらず、レーダーで待ち受ける護衛戦闘機や圧倒的な対空砲火の隙を突いて特攻をしてきたゼロ戦パイロットに対する畏敬の念を本書は隠そうとはしません。

渡部　坂井三郎さんも戦後、アメリカの軍人と交流をした際、互いの健闘を心からたたえ合ったといいます。己の命を的に、真剣勝負を戦った男たちにしか到達できない境地でしょう。本当に、胸を突かれる思いがします。日本人がこれほど深い心持ちで戦ったということを、世界にもっと知らしめてほしい。なぜ国として取り組まないのでしょうか。

靖国神社は「栄光の宮」

渡部　ゼロ戦のパイロットたちは皆、「死んだら靖国神社で会おう」といって散華しました。英霊たちを顕彰するには、やはり天皇陛下がご親拝をされることが一番です。

われわれも戦前、「神様には正一位稲荷大明神などさまざまな位があり、神社にも神宮や天満宮など種類があるが、天皇陛下が参拝される神社は別格である」と教わって育ちました。日本に神社は数あれど、伊勢の神宮などの皇室の先祖神を祀った神宮は別として、天皇陛下が深々と頭を垂れられるのは唯一、靖国神社だけである、と。

「ああ大君のぬかづき給ふ　栄光の宮　靖国神社」という歌があります。靖国神社はまさに「栄光の宮」であり、天皇陛下がご親拝されるがゆえに、兵は死して名と栄誉を留《とど》める。これは戦う者にとって最後の心の拠りどころです。戦死者の御霊に対して、他の神社には参らずとも、靖国神社にはご親拝をされる。これが日本における一つのけじめだと思うのです。

イラクと戦争したブッシュ大統領でさえ、イスラムの宗教にだけは口を出しませんでした。近現代史において、他国の宗教に干渉したのは、一つにはユダヤ教に対してのヒトラー、もう一つは神道に対するアメリカ占領軍でした。宗教の自由に対する二大汚辱であるといえます。

以前、シナの王毅《おうき》（元駐日大使）と会食する機会があったのですが、口を開くたびに「靖国参拝だけはやめてくれ」といっていました。日本人にとっての靖国神社のもつ意味合い、日本という国の真の恐ろしさを知っていたのでしょう。

戦争初期に連合軍の戦闘機隊を圧倒したゼロ戦の最後は、機体に二五〇キロ爆弾を積み、雲霞のごとき敵戦闘機隊と猛烈な対空砲火のなかをくぐり、一機、また一機と撃墜されながら、敵空母に肉薄、特攻、散華するという悲劇的なものでした。しかし、それだけにわれわれ日本人は、永遠にゼロ戦のことを忘れることができません。

そして散華した特攻隊員たちの魂は靖国の英霊となって、いまもこの国を護ってくれています。天皇陛下がご親拝をされれば、それだけで日本にとって五〇個師団にも相当するほどの力になるのではないか、と思います。兄よ、父よ、祖父よ。あなたたちはまことに勁《つよ》かった。どうか安らかにお眠りくださ い。

百田　現代の日本人にとって、神道はあまり馴染みがないかもしれませんが、昔から日本には神社という存在や、お参りという行為を身近に感じる精神風土がありました。日本には広い意味における宗教が、仏教以前の時代から存在しています。だからこそ、靖国神社の参拝を政治問題にしてはならないと思います。まして日本人の信仰について、中国や韓国に干渉されるいわれはまったくありません。

第一部

戦争の勝敗を分けたもの

真珠湾攻撃における最大の過ちは、第三次攻撃を行なわずにさっさと帰還した南雲長官を解任しなかったことだと思います。——百田尚樹

第一章

真珠湾奇襲攻撃は騙し討ちか

渡部昇一

すでにアメリカとは戦争状態

昭和十六（一九四一）年十二月八日（現地時間七日）の真珠湾攻撃によって、広大な太平洋を主戦場とする日米戦争の火蓋《ひぶた》が切って落とされました。連合艦隊の空母を中心とした機動部隊から発進した航空部隊と特殊潜航艇が、アメリカ太平洋艦隊の主力基地ハワイ・オアフ島南岸の真珠湾（パールハーバー）を奇襲攻撃し、戦艦五隻を沈没・大破させるなどの戦果を挙げました。

ところが、残念なことにワシントンの日本大使館職員の怠慢により国交断絶の通達が攻撃開始に間に合いませんでした。出先の外交官の怠慢のせいで、真珠湾攻撃が「騙し討ち」のように取られてしまったのです。

日本はワシントン時間の十二月七日午後一時に、アメリカの最後通牒「ハル・ノート」を拒否する文書をハル国務長官に手渡し、その三十分後に真珠湾を攻撃する計画でした。外務省は宣戦布告が遅れないよう、ワシントンの日本大使館に「これから重要な電報が行く」と前日にパイロット電報を打っていたにもかかわらず、ワシントンの日本大使館には誰も待機していませんでした。この大事にいったい何をしていたのかというと、前日に大使館職員の送別会があり、夜遅くまで飲んでいたために当日の出勤が遅れたというのです。外務省から暗号で届いた宣戦布告の文章を解読してタイプするのに手間取り、手渡す時間を一時間アメリカ国務省に言って遅らせてもらった。結局、ハル国務長官に手渡したのは攻撃開始の約一時間後。外交交渉の途中で攻撃が始まってしまったわけです。結果的に「日本は騙し討ちをする卑怯な国」「リメンバー・パールハーバー（真珠湾を忘れるな）」というアメリカ政府のプロパガンダにまんまと利用され、開戦に反対だった議会、世論も一気に参戦へと傾きました。

この宣戦布告の遅延そのものについては、現地大使館職員の責任だけではないとする説もあります。しかし、私は大使館に勤務していたキャリア外交官は、全員そろってワシントンのメインストリートであるペンシルバニア・アベニューに並んで、腹を切るべきだったと思う。それくらいセンセーショナルなことをしなければ、プロパガンダに対抗してアメリカ国民と世界に、「日本に騙し討ちの意図はなかった。宣戦布告の遅れは出先の外交官の怠慢だった」と納得させる術はなかったと考えるからです。

ところが実際はどうだったかというと、彼らは何の処分もされないどころか、当時のキャリア外交官のうち、野村吉三郎駐アメリカ大使は、死去に伴って勲一等旭日桐花大綬章を受章し、駐ワシントンDC日本大使館の井口貞夫参事官と奥村勝蔵一等書記官はその後、外務事務次官に昇進しています。

また、私は宣戦布告の遅れとは別の問題を提起しておきたいと思います。国際法制度としての宣戦布告の効力が整ったのは、一九〇七年のハーグ第三条約です。その後、第一次世界大戦を経験した国際社会において、国際紛争を解決する手段として、締結国相互での戦争を放棄し、平和的手段によって紛争を解決することを規定した「(パリ)不戦条約」という多国間条約が発効しました。昭和三(一九二八)年に、当時の列強など一五カ国が署名し、その後、ソ連など六三カ国が署名しました。もちろん、日本もアメリカも条約を批准しました。

ところが、アメリカは独立以前の先住民虐殺に始まり、建国後も戦争を頻繁に繰り返す「好戦的国家」です。戦争を禁じるルールなどとうてい受け入れられなかったのです。そこで不戦条約をつくったアメリカのケロッグ国務長官は、条約批准の是非を審議する議会において「戦争ができない条約ではなく、侵略戦争を防ぐための条約だ」と答えました。

次に、侵略戦争の定義は何かと問われ、「他国が国境を越えて攻めてくることだけが侵略ではない。経済的に重大な被害を受けることも侵略に当たる」と定義し、侵略に対する自衛戦争は認められると断言したのです。イギリスも同様の主張を展開しました。さらにアメリカは、中南米を「自国の勢力圏」と見なしていたので、不戦条約の適用外だと宣言しました。

つまり、アメリカの石油に依存していた日本に対する石油の全面禁輸のような経済封鎖も、ケロッグの定義に従えば「侵略戦争・戦争行為」に当たるのです。経済的に甚大な被害を受けていた日本は、すでにアメリカとの戦争状態にあり、自衛のために「軍事力」を行使できることになります。国際社会、とりわけアメリカに「騙し討ち」と非難される理由はないのです。

石油を確保するための戦争

戦後世代が「太平洋戦争」と呼ぶ大東亜戦争の本質は、聞くと驚くかもしれませんが、日米戦争に勝つことではなかったのです。当時の日本を取り巻く状況を見れば、それは明らかです。

日中戦争開戦後、南京から重慶に移った蔣介石の国民政府は、ゼロ戦の活躍で制空権を失いながらも日本との戦いを継続します。その蔣介石をアメリカ、イギリス、ソ連などが支援し、戦いは長期化しました。国民政府への援助物資が運ばれるルートを閉鎖しようとした日本は、昭和十五（一九四〇）年九月、北部仏印（フランス領インドシナ）に進駐します。

ここに至って、アメリカが日本への輸出制限を始めたのです。昭和十六（一九四一）年七月、日本軍が南部仏印に進駐する直前には日本の在米資産を凍結し、ついに石油の輸出を禁止しました。戦前の日本は石油の八割をアメリカからの輸入に頼っており、自給率は一割に満たなかった。フランクリン・ルーズベルト大統領は石油禁輸の効果を知っていたはずです。この時点で戦争する腹を決めていたのでしょう。

「ABCD包囲網」という言葉があります。Aはアメリカ、Bはブリテン（イギリス）、Cはチャイナ、Dはダッチ（オランダ）を指します。日本に資源を「売らない」という経済封鎖のABCD包囲網は、日本にとって「死ね」というのに等しかった。このままでは日本に石油が入ってこず、国内の備蓄石油を勘定すると、平時で七カ月くらいしかもたないのです。燃料となる石油がなくなれば、ゼロ戦があろうが、連合艦隊があろうが動けませんから、シナの日本軍は完全撤退するしかありません。

私は当時のことをよく覚えています。あのころの軍国少年は、いまの子供たちがサッカーに関心があるというレベルの一〇倍くらい国際動向に関心があるんですよ（笑）。だから、対米交渉の行方や石油が禁輸になるかもというニュースは当然耳にしていました。石油の全面禁輸という新聞記事を小学五年生の夏に読み、目の前が真っ暗になった気がしました。

翌年の冬、二月か三月には石油が底をつき、息の根を止められる。死にたくなければ、日本は何が何でも石油を確保しなければいけない。つまり、大東亜戦争は、国家の命運をかけた石油を確保するための戦争だったのです。これが大東亜戦争の本質です。

アメリカ以外で、日本の手が届く石油はどこにあるかというと、インドネシアでした。日本は武力を行使してでも南方の油田地帯を制圧しなければなりませんでした。切羽詰まっていたのです。そこで日本軍は真珠湾攻撃とほぼ同時に、陸軍が香港やイギリス領のマレー半島に侵攻しました。その後、オランダ領インドシナ、アメリカ領のフィリピンも押さえています。

石油確保の最大の障壁は何かといえば、ヨーロッパで手一杯のイギリスなどではなく、アメリカの太平洋艦隊です。南方にある油田地帯を確保して日本へ石油を輸送するという本来の目的を邪魔させないように、先手を打ってアメリカ太平洋艦隊を叩いたのが真珠湾攻撃だったわけです。

日本が勝つチャンスは何度もあった

アメリカと戦争するなんて無謀だ、案の定、手もなく負けたじゃないかと刷り込まれている人が多いのですが、それは事実ではありません。開戦時における戦闘機の質と練度を比べても、ゼロ戦を筆頭に日本が圧倒的に上でした。大砲を打ち合っても、当たる確率は日本のほうが高かったですし、魚雷にしても日本のほうが断然優れていました。アメリカの魚雷は最初のころは爆発しないケースがよくありました。

日本が勝つチャンス、少なくとも負けないチャンスは現実に何度もあったのです。ちなみに「勝つ」というのは有利な条件で終戦することであり、「負けない」というのはアメリカの譲歩を引き出す形で戦争を終結させることです。

真珠湾攻撃はそのチャンスの一つといえます。真珠湾攻撃で第三次攻撃を行ない、石油（燃料）タンクと海軍工廠を破壊していれば、ドローン・ゲーム（引き分け）になった可能性が大きかったのではないでしょうか。

第三次攻撃をしなかった理由について、機動部隊を率いた南雲忠一第一航空艦隊司令長官の参謀長だった草鹿龍之介少将は、「斬りつけたらさっと引くのが重要だ」と、戦後になって記しています。草鹿少将は一刀世伝無刀流の免許皆伝だったそうで、私は「そういうものかな」と思っていましたが、のちにアメリカ太平洋艦隊司令長官ニミッツの回顧録を読み、まったくの見当違いであることがわかりました。

ニミッツは「石油タンクを壊されていたら、アメリカ艦隊は半年ぐらい動けなかった」と振り返っています。

太平洋で動かせる軍艦がない以上、アメリカは本土防衛のため、西海岸に陸軍の兵を配置しなければなりません。ホーマー・リーの『日米戦争』(東京都文館、一九一一年刊)で想定された事態が生じます。このアメリカ人は自国で軍人に採用されず、シナへ渡って活躍し、将軍の肩書を使うようになった珍しいキャリアの軍人で、同書には日本軍がアメリカ西海岸に上陸すると仮定した戦闘地図が掲載されています。日露戦争後にアメリカでは新しい対日観が台頭し、日本陸軍によるアメリカ本土侵攻の可能性が、脅威として真剣に検討されていたのです。

たとえ実際に日本軍がアメリカ本土に侵攻せずとも、その危険がある以上、アメリカはヨーロッパに派兵する余裕を失います。アメリカのルーズベルト大統領は、「米兵を海外に派兵しない」と公約して大統領に三選されましたが、大統領の本心はヨーロッパに派兵してドイツと戦い、イギリスを助けることにありました。ルーズベルトが日本と戦ったのは、ドイツと戦うための公約破りを正当化するためだったとも考えられます。対独戦争に注力できなければ本末転倒ですから、真珠湾攻撃が成功した直後に、和平交渉がなされた可能性は高かったと思います。

真珠湾の奇襲攻撃は成功だったとされていますが、本当でしょうか。たしかに航空部隊による一次攻撃と二次攻撃で、アメリカ太平洋艦隊に打撃を与えてはいます。しかし、『永遠の0』で、真珠湾攻撃に出撃した主人公のゼロ戦パイロットが「米国の艦船はどうだった」と質問されて、「空母がいませんでした」「真珠湾には戦艦ばかりでした」と答える場面があります。

私が百田さんに小説のアドバイスするのはおこがましいのですが、空母を攻撃できなかったことは誤算だったけれど、真珠湾を攻撃した大局眼、戦略的な意味を考えれば、「石油（燃料）タンクと海軍工廠を破壊できませんでした」という描写がふさわしかったかもしれません（笑）。

日本の置かれた状況、対米戦争の本質を理解していたはずの山本五十六連合艦隊司令長官は、南雲さんに「第一に破壊するのは石油タンク、その次に海軍工廠、余力あらば軍艦を攻撃しろ」というべきだったのではないでしょうか。

現地のインドネシア人に助けられる

真珠湾での失態があったとはいえ、本来の目的である南方石油確保の第一段階は、概ね成功したといってよいでしょう。昭和十七（一九四二）年二月十四日には、陸軍の落下傘部隊が東南アジア有数の大油田地帯であるスマトラ島パレンバンにあるロイヤル・ダッチ・シェルの製油所をほぼ無傷の状態で手に入れました。海軍は製油所と石油タンクの損傷は多大だったものの、セレベス島メナドを落下傘部隊で攻略し、ボルネオ島においても油田と製油所を占領しています。

とくにパレンバンは日本軍の最重要攻略目標であり、同製油所の生産量だけで当時の日本の年間消費量を上回っていました。この作戦で知られることになったのが、「空の神兵」という軍歌にもなった日本軍の落下傘部隊です。

パレンバンは河口から一〇〇キロ内陸の湿地帯にあるため、陸から攻撃するとなると、川を上陸用舟艇で遡上して近づくしかなく、川を遡上している間にオランダ軍が石油施設を破壊してしまう恐れがありました。そこで、第一陣の落下傘部隊が奇襲攻撃を仕掛け、次に地上部隊が施設を確保する作戦が立てられました。

ドイツ軍が地中海のマルタ島を落下傘部隊の奇襲で占領したときは多くの被害を出しましたが、マレー半島を飛び立った陸軍の落下傘部隊は見事な降下着地を見せ、少ない被害で奇襲攻撃を成功させました。海軍も同様の落下傘部隊をもち、セレベス島メナドの飛行場占領などで戦果を挙げています。

それであのころ、陸軍落下傘部隊を謳った「空の神兵」という歌がヒットしたわけです。軍歌にしては例外的に明るい歌です。著名な音楽の先生に聞いたら、先ごろ、第二次世界大戦中の軍歌コンクールがあり、「空の神兵」が一等だったそうです。

パレンバン攻略の話に戻すと、製油所を守るオランダ軍は、日本軍は正面から来ると思っていました。落下傘部隊は背後からの奇襲攻撃を仕掛けたのですが、それでも石油施設はオランダ軍によって破壊されかかったのです。

施設の破壊を阻止したのは、現地のインドネシア人でした。彼らには十七世紀にオランダに侵略され、三〇〇年にわたって搾取されつづけてきた積年の恨みがあったのです。インドネシアに「今度救いに来る神様は、黄色い顔をしている」という言い伝えはないでしょうが、突如として空から降りてくる落下傘兵を、神様が来たと少しは思ったかもしれません（笑）。インドネシアの人々はオランダ軍の破壊命令に従いませんでした。日本兵は侵略者からの「解放者」だったのです。

第二章

アメリカは一度も宣戦布告をしていない

百田尚樹

アメリカの宣伝に騙されるな

小説への貴重なご意見をありがとうございます。主人公のセリフは本当はそのほうがよかったかもしれません。ただ、一パイロットの立場では、真珠湾攻撃の戦略的位置づけをそこまでは把握していなかったという設定のほうが、リアルですのでご勘弁ください（笑）。

もっとも、山本五十六さんはじめ連合艦隊の上層部にせよ、日本軍の上層部にせよ、どこまで大局的な戦略眼をもっていたか、私ははなはだ疑問です。

さて、真珠湾攻撃がなぜ騙し討ちとされたのでしょうか。これもGHQが実施した「ウォー・ギルト・インフォメーション・プログラム（戦争の贖罪感を植えつける宣伝計画）」の悪しき例の一つです。

たしかに渡部先生が指摘されたとおり、外交官の落ち度や不手際がありました。それは認めます。

ただ、非を認めたうえで言いたいことがあります。二十世紀の戦争で、実際に宣戦布告して行なった戦争がいくつあるのでしょうか。ほとんどありません。戦争は宣戦布告なしに始まるのがむしろ「普通」です。なぜ真珠湾だけ特別視されなければならないのでしょう。

日本人は真珠湾で騙し討ちをした。「原爆を喰らったのは、騙し討ちしたからだ」「東京大空襲で一〇万人が死んだのは、おまえらが騙し討ちをしたからだ」と、アメリカは徹底的に日本人の意識に植えつけました。

アメリカによる洗脳が解けない読者の方も多いと思うので、あらためて第二次世界大戦における主要国の宣戦布告の有無を見ておきたいと思います。

一九三九年九月一日、ドイツ軍がポーランドに侵攻すると、イギリスとフランスが九月三日にドイツに対して宣戦布告しましたが、あれはいわば国際社会でのメンツを守るためのポーズ、形式的な宣戦布告にすぎません。事実、宣戦布告から約半年間はナチスドイツの軍事力を恐れて戦火を交えませんでした。

そもそもナチスドイツを育てたのは、イギリス・フランスであるともいえます。英仏両国とアメリカは、ソ連と共産主義勢力の拡大をけん制するため、ナチスドイツにその役割を与え、その代わりに、第一次世界大戦の敗戦で軍備を制限されていたドイツの本格的な再軍備を容認したのです。さらに英仏の両首相はミュンヘン会談で、ドイツの軍事的恫喝を背景にしたオーストリア併合、それに次ぐ、チェコスロバキアのズデーテン地方の獲得なども、ヒトラーの領土拡張要求が最終的なものだと確認して妥協・承認しました。

ところが、ドイツ軍のポーランド侵攻で約束があっさりと反故にされたのですから、大英帝国とフランスの面目は丸潰れです。本気の宣戦布告ではなかった証拠に、一九四〇年五月にドイツ軍がヨーロッパ西部へ侵攻を開始し、間もなくイタリアが参戦すると、六月十四日にはパリを占領され、フランスは早くも降伏。同年八月には、ドイツ空軍によるイギリス本土への空爆（バトル・オブ・ブリテン）が始まるのです。

ドイツは一九四一年六月、独ソ不可侵条約を破ってソ連へ侵攻しましたが、宣戦布告はしていません。そのソ連は一九四五年八月に、日ソ中立条約を一方的に破棄して宣戦布告のうえ参戦しましたが、一九四一年四月に発効した日ソ中立条約の有効期間は五年間でした。一方的な破棄は国際法上許されず、ソ連の対日参戦は完全な騙し討ちです。

また、アラブとイスラエルは何度も中東戦争をしていますが、宣戦布告は一度もされていません。ベトナム戦争でも、それから二〇〇三年のイラク戦争でも、アメリカは宣戦布告していません。そもそも第二次世界大戦後にアメリカが宣戦布告して戦争をした例はないのです。

つまり、真珠湾攻撃は戦争の常識、国際法、そして道義的責任に照らしてことさらに非難されるものでは決してない。「真珠湾は騙し討ちだ」と、日本人が思い込む必要はないのです。私はそれこそ、ウォー・ギルト・インフォメーション・プログラムに洗脳された人たちに問いたい。「いまから戦争しましょう」「わかりました。お互いに準備して戦火を交えましょう」なんて、近代にそんな戦争ありますか？　あれば教えてください。

メキシコ、スペイン、そして日本

「リメンバー・パールハーバー」がアメリカのプロパガンダというのはまったくそのとおりで、じつは過去にも同じ手を何度か使っています。

最初に使ったとされるのは、ジョン・ウエイン主演、監督の映画『アラモ』（一九六〇年）でも知られる一八三六年に起きたテキサス独立戦争です。アメリカ合衆国からの入植者が立てこもっていたアラモ砦をめぐる戦いで、テキサスの守備隊はメキシコ軍に全滅させられました。そのとき以来、「リメンバー・ジ・アラモ」という言葉によって独立戦争が正当化されるようになり、この言葉は戦意を高揚するスローガンになったのです。

当時のメキシコはスペインから独立して十五年の若い国でした。領土拡張意欲の尽きないアメリカは、メキシコから独立したテキサスを併合し、さらに対メキシコ戦争（一八四六～一八四八年）の勝利によって、ニューメキシコ、アリゾナ、カリフォルニア州といった広大な領土を手に入れました。

一八九八年のアメリカとスペインの米西戦争では、「リメンバー・ザ・メイン」でした。一月、スペインからの独立を目指すキューバ人の反乱が激化すると、アメリカ政府はキューバ在留米国人保護の名目で戦艦メイン号をハバナ港に送りました。そのメイン号が突然爆発を起こして沈没、二六〇名が死亡すると、爆発原因が特定されないなか、アメリカのジャーナリズムや一部の議員たちは、スペインが仕掛けた機雷によるものと決めつけました。新聞は「リメンバー・ザ・メイン」を掲げて世論を煽り、アメリカは沈みゆく国であるスペインの植民地を強奪する戦争へと突っ走っていきます。その後アメリカは、マニラ海戦でスペイン太平洋艦隊を全滅させ、その二カ月後にはキューバのスペイン海軍を全滅させました。

勝利したアメリカはフィリピンとキューバの権益を手中に収め、その間のどさくさに紛れてハワイも併合してしまいます。「リメンバー・パールハーバー」もまた、アメリカのいつもの手であり、自国に都合のよいスローガンにすぎないのです。

陸軍と海軍の縄張り争い

真珠湾攻撃の際に、航空に関して素人の南雲さんを第一航空艦隊の司令長官に据えたのは、吉田善吾海軍大臣と山本連合艦隊司令長官の決断です。別の候補がいましたが、年功序列の慣例で決まりました。

真珠湾攻撃で戦艦を何隻沈没・大破させても、浅い湾内で損傷した軍艦は短期間のうちに修理して戦線に復帰できます。事実、四隻の戦艦はのちに復帰しました。ところが、真珠湾の石油備蓄施設を全部破壊して粉々にしてしまえば、再び大量の石油を輸送する必要が生じます。大変な数のタンカーが何度も往復しないといけません。

ニミッツは「半年」を想定していましたが、それはあくまで平時の話でしょう。日本海軍は、タンカーを沈めようと真珠湾への航路に潜水艦を配備して待ちかまえますから、一年やそこらでは無理だと思います。アメリカも頭を抱えたはずです。

さらに、第三次攻撃からといわず、第一次攻撃から戦艦などの軍艦には目もくれず、爆撃を重油タンクに集中していれば、航空部隊の二九機損害もなかったかもしれません。第二次攻撃以降は戦闘機の迎撃はあったでしょうが、一流のパイロットが操る名刀のゼロ戦で、ほぼ確実に返り討ちにできたでしょう。まだ開戦直後ですからね。

戦争で「もし」をいっても仕方ないのですが、石油のために戦争を始めたのだから、なぜもっと石油を重視した相手の嫌がる作戦、戦略を練らなかったのか。そう考えずにはいられません。

日本は開戦と同時に、たしかに石油は確保できました。日本が占領した南方地域の油田と製油所の生産量だけを見れば、長期の戦争継続、国力向上に十分なものだったと思います。ところが、ここから情けない話のオンパレードになっていきます。現地油田での生産・精製と日本への還送、国内での精製と軍需・民需輸送、太平洋の広大な戦場への輸送は本来、全体を統括する司令塔があって、必要な人材、兵力、技術、輸送手段などを全体最適の観点で配置しなければ効率的に機能しません。ところが実際は、すべてがバラバラで一貫性を欠いていました。

まず、パレンバンの石油でいうと、日本への還送は昭和十七年六月に始まったのですが、生産量の半分程度しか送ることができませんでした。内陸の湿地帯にあるパレンバンの石油は、小型の油槽船で河口まで一〇〇キロを下り、さらに石油タンクのあるシンガポールまでピストン輸送をして、そこからタンカーで還送します。ピストン輸送に適した油槽船が完成したのは、昭和十九（一九四四）年になってからです。現地では余った石油を燃やしていたそうです。

このような事態になったのも、陸軍と海軍の縄張り争いというか、仲の悪さが原因の一つに挙げられます。陸軍が確保した石油は陸軍のものだというのです。海軍は手を出せない。海軍の油田であれば、油槽船の開発も早かっただろうというのですが、いったい誰と戦っているのでしょう。

全体最適に欠けるという意味では、陸軍と海軍の石油施設の占領比率は圧倒的に陸軍が高かった。それでいて割り当てられた石油タンカーの総トン数は当然ながら、海軍が圧倒している。ハッキリいって無茶苦茶です。

こういう例はまだあります。南方からの石油、鉄、ゴム、ボーキサイトを還送する輸送船として、国内物流を担ってきた商船も大量に駆り出されました。当時はトラック輸送がほとんどない時代ですから、鉄道と商船が民間物流の主流でした。そこで内閣直属の企画院総裁が戦時徴用に備えて、国民の生活や国内の軍事生産を維持するのに最低限必要な総トン数を計算したところ、弾き出された数字が三〇〇万トンです。しかし陸軍と海軍に割り当てると、日本に残される船の総トン数は二五〇万トンしかない。

戦時特例だから仕方がないとなったのですが、この状態が続けば国内経済と軍事生産、つまり国力と戦争遂行能力の低下は必定です。開戦から「半年経ったらいったん返す」約束でした。半年のうちに資源を大量に獲得し、それを使って造船するから、それまでの辛抱だというわけです。ところが、半年経つと、返すどころか「足りないからもっとくれ」という。結局、三〇〇万トンの確保は、開戦後一度も実現しませんでした。日本の戦時経済のピークが昭和十六（一九四一）年だった要因の一つは、これでしょう。

では、なぜ輸送船が足りなくなったのでしょうか。アメリカの潜水艦に片っ端から沈められたからです。アメリカ軍は、連合艦隊機動部隊のあまりの強さに恐れおののきました。まともに戦ったのでは太刀打ちできない。とにかく資源のない日本のアキレス腱を断とうと輸送船を徹底的に狙いました。石油を削っていくだけで日本を追い込むことができます。

輸送船団があっけなく沈められたのにも理由があります。海軍による護衛任務の優先度が低かったのです。輸送船団の護衛に使われた海防艦や旧式駆逐艦の対潜能力が低くて、護衛以前に自艦を守るのすら難しかった。開戦時に六〇〇万トンあった商船は、レーダー探知機を備えた敵潜水艦の攻撃などで、三〇万トン分を残してすべて撃沈されました。

連合艦隊にしてみれば、アメリカの太平洋艦隊を艦隊決戦で撃滅させるのが最大最上の任務です。鈍足の輸送船の護衛なんぞやってられるか、というのが本音だったのではないでしょうか。もっとも連合艦隊が望んでいた機会はついに訪れませんでした。

これはハワイの石油タンク、精製施設をなぜ破壊しなかったのか、という問いに対する答えの一つかもしれませんね。

輸送船の損害が想定をはるかに超えた昭和十八(一九四三)年十一月になって、ようやく商船護衛を専門とする海上護衛総司令部を発足させましたが、時すでに遅しでした。

第二章

ミッドウェー海戦の敗因

渡部昇一

共通の最終目標があったのか

日本軍が組織としてバラバラに動いていたのは、最終目標を共有していなかったからではないでしょうか。達成しなければならない大きな目標が定まっていれば、役割の異なる個人や組織であっても、同じ方向を向いて走っていけます。しかし日本軍はそうではなかったということです。

それで思い出したのですが、赤穂浪士の討ち入りを指揮した大石内蔵助《くらのすけ》が偉かったのは、討ち入りに当たって浪士たちに「勝利のまったきところに働くべきこと」と言っているのです。

どういう意味かというと、門番をするのも、吉良上野介《きらこうずけのすけ》の首を落とすのも、同じことであると。われわれの本懐である「吉良上野介の首を取る」、そのまったきことを果たすために各々が各々のすべきことで全力を尽くしなさい。役割に重い軽い、上下はないということです。

ところが、日本軍は「戦争に勝つ」というまったき勝利のために働く組織ではなかったようです。陸軍も海軍も「輜重隊《しちょう》」を軽んじていました。輜重隊というのは、前線の兵隊に食糧や武器弾薬を届けたりして兵站《へいたん》を賄《まかな》う後方支援部隊です。彼らは、日露戦争では「兵糧輜重が兵ならば、蝶々とんぼも鳥のうち」などといって馬鹿にされていましたが、こうした考え方が大戦の時代にも続いていたのです。

輜重隊は兵ではない。これを兵というなら、蝶々もとんぼも飛ぶものはみんな鳥になってしまうよ。本当は全然違う生き物なのに俺たちと一緒にするな、ということです。とんでもない話です。かつて兵站を疎《おろそ》かにしたことで敗れた戦争がどれほどあったか。少しは歴史を学んでほしいものです。

戦国武将は第一に兵站を重視しました。兵站が勝負の分かれ目だからこそ、甲斐の武田信玄は京都に上らなかったわけです。豊臣秀吉は兵站の天才だったから天下統一を成し遂げることができました。

兵站を大事にする思想は日本軍にも残っていました。日清戦争のころに「日本陸軍」という歌ができましたが、一番の歌詞が「天に代わりて不義を討つ」でした。この七番には、「砲工兵騎の兵強く　連戦連捷《れんしょう》せしことは　百難冒《おか》し

て輸送する　兵糧輜重のたまものぞ　忘るな一日遅れなば　一日たゆとう兵力を」という歌詞がちゃんとあるのです。でも、たいてい七番までは歌いませんでした。「天に代わりて不義を討つ」というところでやめてしまった。

おそらく軍の上層部の人たちは、戦争が終わってからのことを考えたのだと思います。日露戦争で戦死した人は靖国神社には行ったけど、華族にはなれませんでした。ところが、階級が上の軍人たちは生き残ると、戦後にみな男爵とかの地位を賜ったのです。だからどこか命が惜しくなった。なるべく軍艦を沈めないほうがいいという邪念なのか、私利私欲なのか。大東亜戦争の最終目標を「戦争に勝つ」ことに絞っていなかったような気がします。

もし日本がミッドウェー海戦で勝っていたら

私は学校でも国民の常識として、敗戦の勘どころを教えるコースが欲しいと思っています。それを学ぶと、いかに官僚制度の硬直が怖いものであるのか。なぜわずかなことで結果に大差がつくのか。なぜ頭がよくてハートがよくてもガッツがなければ駄目なのかが、よくわかると思いますよ。

先ほど真珠湾攻撃の際に日本があの戦争に勝利するチャンスがあったということを話しましたが、ミッドウェー島の攻略を再考すると、ここでも勝つチャンスはありました。ミッドウェー海戦に日本が勝利していれば、真珠湾で第三次攻撃を成功させたのと同じ状況が生まれていたと思います。

ハーマン・ウォークという、日本でいえば司馬遼太郎の『坂の上の雲』に相当する作品を書いた作家がいます。彼は第二次世界大戦について書いた『戦争と追憶』（『War and Remembrance』）で、「日本がミッドウェー海戦に勝っていたらドローン・ゲームになる可能性があった」と指摘しています。

ミッドウェーの海戦で勝利を失えば、やはりアメリカは陸軍を西海岸に集めなければならない。その結果、北アフリカ戦線でイギリスを助けられず、ドイツのロンメル将軍がスエズを落とす。スエズが落ちると、ドイツは石油地帯を手に入れ、イギリスが降伏するのは時間の問題だったでしょう。すでにフランスは降伏しているので、アメリカだけが戦うわけにはいかず、手を打つだろう、というのがウォークの仮説です。

真珠湾攻撃の成功要因に学ぶと、機動部隊と戦艦大和が一緒に行動し、大和を使ってミッドウェー島を艦砲射撃する作戦が考えられます。ミッドウェー島の砲台より、大和の主砲のほうが射程距離は長いから、大和は被弾することなく、島の防衛を破壊することができました。日本の空母が有する航空戦力は一部を大和の援護に回し、そのほとんどをミッドウェー島救援に現れるアメリカ空母の攻撃に注力させる。そうすれば空母四隻を失う大敗はなかっただろうし、ミッドウェー島占領も可能だったはずです。

さらに、昭和十七（一九四二）年から翌十八（一九四三）年にかけてのガダルカナル島攻防戦は、日本が勝つチャンスを有した最後の戦いでした。当時はまだ、アメリカの航空戦力で戦艦大和を沈めることはできませんでした。だから、大和をガダルカナルに投入して島を艦砲射撃すれば、ガダルカナル周辺に集まっていた二万人のアメリカ兵は全滅だったでしょう。

私はアメリカ人のいう「ピープル」を「人民」と訳すのは間違いだと思います。貴族や王様がいるからピープルが「人民」になるのであって、貴族や王様のいないアメリカのピープルは「みなの衆」と訳すのが適当です。リンカーンのゲティスバーグ演説に出てくる有名な一文も「人民の、人民による、人民のための政府」ではなく、「みなの衆の、みなの衆による、みなの衆のための政府」と訳すべきでしょう。

アメリカ人が二万人も戦死したとなれば、国民も黙ってはいません。戦争終結を求める世論が沸騰したはずです。「みなの衆の国」であるアメリカは、よくも悪くも世論の力が強い国です。ベトナム戦争反対の声も、アメリカ兵の死者が増えるにつれて高まりました。

勝ち負けはわずかなことで決まる

ガダルカナル島の戦いは惨敗でした。本当に残念なことが多いのです。

軍国少年だった私は、戦後になってなぜ日本が負けたのかを考えました。それを知りたくて、海軍の源田実さんの自宅を訪ねたとき、アメリカとの戦争についての疑問や腑《ふ》に落ちない点を聞いたことがあります。源田さんは「日本海軍はネルソン精神を忘れた」と答えました。

イギリスのネルソン提督は、ナポレオン軍と激突したトラファルガー海戦で勝利と引き換えに自らは戦死しました。当時は無線などあるはずもなく、旗艦と離れてしまうと、司令官の命令がよくわかりません。そこでネルソンは各艦長に、「何でもいいから、とにかく弾を撃て」と命じました。敵を見たらとにかく攻撃しつづけろ。それが有効な攻撃であるかどうかは考えなくていい。敵を見つけて砲撃しつづけるかぎり、その判断がいちばん正しいのだと私は評価する——このような指示を受けたら何の疑問も迷いも生じません。

各艦長は、一切の迷いなく、ただ敵をめがけて攻撃することだけを考えたといいます。こうしてネルソンは、トラファルガーの激戦でフランス・スペイン連合艦隊を撃滅しました。

ネルソンの艦隊がコペンハーゲンを砲撃したときのことです。敵は陸の砲台であり、味方は軍艦です。撃ち合っていると、敵は沈まないが味方は沈む恐れがあります。そこでネルソンは各艦に錨を下ろさせ、動けないようにしてから砲撃させたのです。敵の砲台が沈黙するまで打ち続けるか、自分が沈められるかのどちらかです。イギリス海軍は必死になって撃ちまくり、敵の砲台を沈黙させました。

これがネルソン精神です。

誰よりもネルソン精神を体現したのは日本の東郷平八郎大将でした。彼は日露戦争ではつねに見敵必殺で、ロシアの旅順艦隊やバルチック艦隊を全滅させました。とくにバルチック艦隊との決戦のときは、自分の艦隊は全滅してもいいから、敵を全滅するという断固たる方針のもと、きわめて危険だが効果のあるT字戦法を採用して、戦艦八隻を含むロシアの大艦隊を文字どおり撃滅しました。

考えてみたら、日露戦争の東郷大将は、黄海の開戦であろうと旅順であろうとバルチック艦隊が相手だろうと、戦艦三笠に乗って、いつでも前線に出ていました。山本五十六は出たことがありません。山本五十六は軍艦を大切にして、使うべきときに使わず、結局使い損ねてしまったわけです。大和を使い惜しみせずどんどん使っていれば昭和十七（一九四二）年ごろなら、太平洋から一隻残らず敵の軍艦をなくすことは十分に可能だったはずです。

それを源田さんは言いたかったのではないでしょうか。出ていたら勝っていた、と。

それから、「戦闘機が勝てなくなったから負けた」という印象があったので、そう質問すると、「そうなんだ」と答えられましたが、戦闘機が負けたら勝てないことに気づいたのは、ずっと後だったそうです。

最後のころになってようやく、紫電改を集め、ベテランパイロットを投入して松山航空隊を編成しました。松山航空隊はアメリカの機動部隊の飛行機を、バッタバッタと撃墜しました。アメリカの機動部隊はマリアナまで引き返しましたが、後が続きませんでした。というのも、松山航空隊があまりにも鮮やかに勝ったので、松山航空隊をこっちに寄こせ、あっちに寄こせとなり、バラバラになってしまったのです。

一九四四年六月に、アメリカの機動部隊と連合艦隊の機動部隊が対戦したマリアナ沖海戦になると、これほど完全な負けはほかにありません。全滅こそ免れましたが、アメリカ側にほとんど損傷を与えることができませんでした。一方的な敗北です。それからは勝つ見込みがなかったといってもいいと思います。

サイパン守備の責任者にミッドウェー海戦で失敗した南雲忠一を置いたことも大失敗でした。南雲さんは死ぬつもりだったからです。何としても守り抜くという意識が希薄でした。本気で硫黄島のような防衛をやれば、アメリカ人に与えた衝撃は大きかったはずです。硫黄島は名前のとおり「硫黄の島」で、穴を掘っても下に降りられないぐらい暑かったのですが、サイパン島は硫黄島と違って水の出る島でした。最終的には陥落したでしょうが、その間に交渉の余地が生じえたのではないかといわれています。

硫黄島程度の小さな島を占領するのに、アメリカは二万八〇〇〇人の死傷者を出しました。その何百倍もある日本列島で戦争をしたらどうなるか。アメリカがこの点を考えたとき、「その前に手を打とうか」という気になったのではないでしょうか。

私は六十余年、日本の敗因を考えつづけてきましたが、最近になって、「戦争の勝ち負けはわずかなことで決まることが多い」と思うようになりました。ハワイ攻撃で戦艦ではなく石油タンク群を攻撃していたら。また、戦争の分水嶺となったミッドウェー海戦で、山口多聞に機動部隊を任せていれば、負けなかったと思います。山口はネルソン提督の信奉者でした。ミッドウェーの失敗は人事の失敗です。

あの戦争は人事で負けた

私が評論家の山本七平さんに聞いた印象深いエピソードは、自分が戦場で生き残ったのは、隊長が士官学校の卒業生ではなく、叩き上げの隊長だったからだというものです。上からの命令でも、「これは駄目だな」と判断したら、やらなかったそうです。上に立つ人の民度の差が結果を大きく左右すると、話を聞いて感じました。

日露戦争当時のトップクラスは西南戦争を経験したりして、生き残った人たちです。ペーパーテストで偉くなった人はいても、トップクラスまでは行けませんでした。ペーパーテストは先生が教えたことを繰り返す能力ですから、実戦には使えないことがあるのです。

日露戦争以降はしばらく戦争がなかったので、海兵は女性たちの憧れの的になりました。学生なのにスマートに剣を吊して、当時の日本人がほとんどできない世界一周するような船に乗ったりしていましたから当然でしょう。全国の秀才中の秀才が、海軍に集まったのは当然です。

そして海軍兵学校のとびっきりの秀才だけが、海軍大学校に行きました。この人たちが艦隊司令長官のレベルです。頭はいいし、仲間とのつき合いもよかったでしょう。だからヘッドもハートもよし。だけど、ガッツがあったかどうかは調べようがありません。私はなかったと思います。

このことで私が連想するのは、一九九〇年代後半にバブル崩壊後の不良債権処理に苦しむ日本の大手銀行や大手証券会社が、グローバル化の波に呑まれて外資に買われたことがありました。

そのころアメリカの財務長官だったルービン氏は、投資銀行大手のゴールドマン・サックスの会長だった人です。株式投資で成功した実務経験豊富なビジネスマンが財務長官になって、ペーパーテストの世界で出世した大蔵省官僚とやり合う。カネの話になったら日本は絶対にかなわない、勝てるはずがないと思いました。

官僚の上のポストを民間人が占めるようにして、命がけの商売で得た民間の知恵と経験を導入しなければ、民度は上がらないし、競争にも勝てないでしょう。ガダルカナルの飛行場建設でもそうです。太平洋の島に空港を造る場合の隊長は、海軍兵学校を出た中尉か大尉程度です。彼らにその知恵があると思いますか?

アメリカはどうやるかというと、たとえば土木会社の社長を臨時で大佐にして送り込んだりするのです。プロはつくり方も人の使い方も違いますから、最短期間、最小コストで最善の飛行場を造ることができます。

日本はいまでも民間のあらゆる分野で、人間的な知財はいくらでもあるのに、使い方の間違っているケースがよくあります。官僚にうまく使いこなしてくれと、いくらいっても無理なのです。日本は彼らのミスを現場がカバーすることで何とかもっている国ですから。もうそろそろ平時から有事の人事に切り替えてみてはどうでしょうか。日本は大きく変わると思います。

第四章

ガダルカナル島でもチャンスはあった

百田尚樹

なぜ艦隊司令長官はみな臆病だったのか

人事の失敗という意見には賛成です。それも個人がどうこうという以前に、システムの問題が大きいと思います。

ずっと見ますと、政治の分野でもそうですし、『永遠の0』に出てくる海戦でもそうで、艦隊司令長官ぐらいになると、みんな極端に臆病になるのです。ゼロ戦パイロットや「鳥海」艦長の早川幹夫さんとか、現場で戦っている人はあれほど勇敢なのに、なぜなのかと考えたら、彼らが卒業した海軍兵学校は本当に日本でトップの秀才の集まりだったのです。

山本五十六連合艦隊司令長官をはじめとする海軍のトップクラスは、海軍に入って三十年ほど経つのですが、その間実戦をほとんど経験していないのです。山本さんは二十歳で一九〇五年五月の日本海海戦に参加して重傷を負っていますけど、日露戦争が終結してから日本海軍は戦争をしていません。だからキャリア組の軍人は官僚になってしまうのです。海軍も陸軍もそうですけど、海軍兵学校、あるいは陸軍士官学校の卒業席次のまま、同期は並行してポジションが上がっていきます。キャリア官僚のシステムそのものです。

とくに年次を越えないというのが大きい。真珠湾攻撃の南雲艦隊も、四〇期の山口多聞さんが三六期の南雲忠一さんを飛び越えて司令長官に就任していたら、第三次攻撃でハワイの石油タンクを攻撃していました。「徹底してやるべきです」と南雲さんに進言しているのですから。

山口さんの進言に対して「もう戦艦をやっつけたから十分。これ以上やって損害を出すのは損だから」といって逃げ帰ってきたのは南雲さんです。ソロモン海戦のときも、ほとんど言うことは変わりませんでした。

上から「これをやれ」と命じられたから仕方なくやる。「やれ」といわれて「やりません」は抗命になってしまうので、命じられたらやる。ただし、内心はビクビクしていたのだと思います。渡部先生が指摘されたように、爵位が待っている自分の命は惜しい。だから前線の諸君、頑張ってくれ、と。

現場の奮闘で戦果を挙げて、「やった」と思ったとたん、あとは臆病風です。その後はいかにその場から立ち去るかしか考えていなかったのではないでしょうか。

戦前の旧制中学に入学できたのは、男子で一〇人に一人程度ですから、ある意味エリートです。そのなかの一番から三番の成績優秀者しか、海軍兵学校には入れませんでした。学科の成績は、一高にも劣りませんでした。学力は東大生と同じくらいですが、現実には東大に入学するよりも難しかったのです。兵学校は、一高、東大レベルの学力が必要であったうえ、運動能力も抜群でないと入学できなかったからです。

官僚が強いのはマニュアルです。このときにはどう答えるか、このときはどうするか、答えのある問題を解くのが得意なのです。戦争の現場には答えがないどころか、問題の前提条件すら環境の変化で一変することがあります。

平時が続いているうちに、日本の軍人はいつの間にか戦略眼、大局的思考を失っていたのだと思います。たとえば海軍は日露戦争以降は実戦をしていないこともあって、敵の主力艦隊さえ撃ち破れば戦争に勝てると思い込み、艦隊決戦で敵主力艦隊をいかに撃滅するかを想定した演習ばかりを十年も二十年も繰り返していました。

とはいえ、兵学校や士官学校を卒業したマニュアルに強いエリート軍人が出世していくのは、日本に限ったことではなくて、世界各国の軍隊どこも同じでした。当然アメリカもそうです。ただし、「平時は」という但し書きがつくのです。

いざ戦争となれば、マニュアルに強いだけの軍人は排除しないと駄目です。有事には何が起こるかわかりませんし、マニュアルにはない事態が次々と生じてきます。その場で考えて、即断即決。その決断が間違っていた場合に、どうやって方向転換するかの勝負になります。

アメリカ軍では、そうした勝負に強い人材が軍人として出世していったのです。日本軍は戦争という有事の状況になっても、平時の人事を変えられませんでした。上層部がマニュアルエリート軍人ばかりになってしまった日本軍のなかからは、有事になってもそのような発想が出てこなかったのでしょう。

ここに『零戦撃墜王——空戦八年の記録』(光人社)というゼロ戦パイロットの岩本徹三さんの書き残したメモをまとめた本があります。いずれ出版するつもりで書き残していたのでしょう。本当のメモ書きなので、かなり好き勝手に書いています。現場から見た士官批判は痛烈です。新米の士官でも、兵学校を卒業した瞬間に中隊の隊長です。ベテランの彼には経験でわかっている「こんなところを飛んだら撃たれる」ような場所を平気で飛んだりする。それで「何やこいつ」とか書いています。それでも隊長だから逆らえないのです。

坂井三郎さんも、最後のほうは批判者になりました。私も『永遠の0』の取材で、下士官のゼロ戦パイロット何人かとお会いしましたけど、やはりみなさん士官を批判しますね。

目的と手段をはき違えていた

たとえば戦艦の扱いを見れば一目瞭然ですが、日本軍は目的と手段をはき違えていました。

真珠湾攻撃の成功で、これからの戦争の主役は航空戦力であることを日本が証明したにもかかわらず、日本海軍は戦艦が主役という大艦巨砲主義から抜け出せませんでした。反対にやられたアメリカは航空戦力こそが勝敗を分けると悟って、一気に空母中心の艦隊編成に舵を切ったのです。アメリカが大艦巨砲時代に建造した戦艦やアイオワ級の新造戦艦をその後、どうしたかというと、いざとなれば使い捨てるつもりで空母の護衛に使いました。空母の周りをアイオア級戦艦が囲んで護衛するのです。

ところが日本は、空母中心の機動部隊を前線に送り込む一方で、戦艦大和や武蔵は後方に置いたまま温存です。戦艦を守って海戦に負けているのですから、どうかしています。

日本のものづくりは、すでに芸術品のようなゼロ戦製造の話をしましたが、どうしても視野狭窄的に追求してしまいがちです。潜水艦でも、日本の潜水艦はいちいち型が違う。伊号何型、伊号何型の改造型といろいろあって、それぞれ二艦、三艦くらい建造します。これは艦隊決戦用、これは偵察用と、用途が異なる潜水艦を何十種類と一から設計して、図面を引き直します。

それで三艦の潜水艦のためだけの部品を、また一からつくり直すのです。これも芸術品の発想です。

アメリカの潜水艦は、用途が限定されないガトー級だけを一〇〇艦必要なら一〇〇艦建造しました。部品も共通だから生産効率が高いし、修理やメンテナンス、部品交換の負担も抑えられます。仮に沈められても、同じ艦を迅速に補充できるというトータルの効率を追求しているわけです。

ガダルカナル島の攻防戦で死闘を演じたラバウル航空隊の話をしますと、坂井三郎さんをはじめ台南航空隊の猛者がラバウルへ行くのですが、彼らの移送はほとんど護衛船のつかない低速の輸送船で行なわれました。もしその道中でアメリカの潜水艦に船ごと沈められていたら、何年もかかって鍛え上げてきた超一級のパイロットを何百人も失うところです。

まったく信じられません。本当に勝つ気があったのかと疑いたくなります。坂井さんも「なぜわれわれはラバウルまでボロ船に乗っていかなければならないのか」と憤慨していたそうです。

失敗を不問に付す組織、失敗を生かす組織

真珠湾攻撃における最大の過ちは、第三次攻撃を行なわずにさっさと帰還した南雲長官を解任しなかったことだと思います。指揮官の結果責任が問われないという悪しき先例が、その後の海戦、ひいては敗戦を招いた元凶だといわざるをえません。

アメリカは失敗した指揮官に必ず責任を取らせます。真珠湾を奇襲攻撃されたアメリカ太平洋艦隊司令長官のキンメルは、一九四一年十二月十七日付の大統領命令で司令長官を解任されたうえ、大将から少将に降格させられました。キンメルにどれだけ損害の責任があったかはじつは微妙なところです。陸軍部隊司令長官のショート中将も同様に解任され、二人はのちにこの処分は名誉毀損だと裁判に訴え、死後ではありますが、名誉は回復されました。

それほど議論の分かれる処分ではあるけれども、アメリカの指揮官は結果責任を負わされました。つまり、戦艦五隻をむざむざ日本に沈められた責任を見逃してはならないと考えたのではないでしょうか。この決断がアメリカ軍の指揮官によい意味での緊張感を生んだと私は思います。

しかもキンメルの後任にニミッツを抜擢することで、実力主義を示して組織の活性化を図りました。ニミッツという人は、海軍士官学校の成績が卒業席次で一一四人中七番です。優秀であったとはいえ、当時はまだ序列二八番目の少将でした。それでも実戦での戦績がずば抜けていて、大統領の信頼が厚かったのです。

ニミッツは少将から中将を飛ばして大将に昇進し、ごぼう抜きで太平洋艦隊司令長官に就任します。そしてミッドウェー海戦で連合艦隊を打ちのめすことになるのです。

アメリカ軍に限らず、失敗に対する責任追求はイギリス軍やソ連軍でも非常に厳しかった。ドイツ軍も容赦しませんでした。

甘かったのは日本だけです。真珠湾に続いてミッドウェー海戦でも判断ミスによって空母四隻を失った南雲長官、マリアナ沖海戦の直前に、抗日ゲリラに捕まって、重要な作戦書類を敵に奪われる大失態を犯した連合艦隊参謀長の福留繁中将の責任も不問に付されました。福留中将は、その後あろうことか司令長官にまで出世しました。海軍上層部に重刑を科せば、それが先例となり、いずれ自分たちの首を絞めかねません。エリート官僚同士の身内のかばい合い、事なかれ主義、自己保身が組織に蔓延していたのです。

陸軍も似たようなものです。ガダルカナルで馬鹿げた作戦を繰り返した陸軍の辻政信作戦参謀は、昭和十四（一九三九）年のノモンハン事件でも、稚拙《ちせつ》な作戦で味方に大量の戦死者を出しましたが、責任を取っていません。インパール作戦で三万人の兵士を餓死させた牟田口廉也《むたぐちれんや》中将も、公式には責任を取らされていないのです。エリート官僚だけは失敗しても出世しつづけ、責任は現場の下級将校たちが取らされました。エリート官僚の「罪」をかぶる形で、多くの連隊長クラスが自殺を強要されたといいます。

ミッドウェー島攻略作戦は本来、負けるはずのない戦いでした。ところが、上層部の油断、驕りがあまりにひどかった。『永遠の０』を書くときに調べていて、こんなずさんな作戦があるのかと驚いたほどです。

この作戦は一義的には、ミッドウェー島の陸上基地を攻撃することでした。それに加えて、敵機動部隊がやってくれば撃滅するという二方面作戦だったのです。二方面作戦そのものが常道に反しているのに、海軍全体には楽勝気分が蔓延していたといいます。敵空母をいち早く発見する索敵機を適当に出していたり、敵を確認できない雲の上を飛んでいたりしました。

また、図上演習というサイコロを使ったシミュレーションを行なったときに、日本の空母に爆弾が九発命中して沈没する目が出ました。シミュレーションですから作戦を見直すのが決まりなのですが、宇垣纏《まとめ》参謀長は「いまのは三分の一の三発にする」といって、演習を続けたのです。何のための演習かわからないでしょう。

さらに、別の日にある司令が、航空甲参謀の源田実さんに「敵空母に見つけられて襲われたらどうする」と聞いたときは、「鎧袖一触《がいしゅういっしょく》です」と答えたそうです。鎧に触れた瞬間に相手を斬ってしまう。これは単なる精神論です。はっきりいって参謀失格でしょう。

本来の目的を忘れてしまった

渡部先生がおっしゃられるように、真珠湾攻撃にしてもミッドウェー海戦にしても、日本が勝つチャンスは十分にあったと思います。ここでは、ガダルカナル島の戦いの初日（昭和十七年八月七日）の夜、「第一次ソロモン海戦で日本の巡洋艦隊が連合軍の巡洋艦隊を壊滅させた一方的勝利の後、もし日本軍がそのまま進撃していたら」どうなっていたか、その後の展開を考えてみたいと思います。

実際には、日本の巡洋艦隊は米空母を恐れて退却するのですが、進撃していれば間違いなく連合軍の輸送船団は全滅していました。するとガダルカナル島をめぐる戦いの様相は大きく変わります。アメリカ軍は軽機関銃の類の装備はもっていましたが、いわゆる重機や大砲、装甲車などの兵器は揚陸していなかったのです。日本軍は重機や大砲を輸送してきた船団を全部沈めることができたでしょう。さらには、アメリカ兵の人的被害も相当数に上ったはずです。軍の士気は下がり、アメリカの動揺も大きかったでしょう。

もし当時の日本海軍にネルソン提督の精神があったなら、と思わずにはいられません。ラバウル航空隊の決死の活躍によりアメリカ軍の空母はいったん後退していましたから、当日ではなく次の日に進撃することもできたのです。

空母が退いていたことを日本の巡洋艦隊は知りませんでした。だから「そのまま進撃しろ」というのは、歴史の後づけだと批判する意見もあります。

しかし、もともとこの第一次ソロモン海戦の巡洋艦隊は、敵輸送船団の撃滅が第一目標だったのです。アメリカ軍の輸送船団を撃滅しに行ったときに、たまたま敵巡洋艦隊と遭遇し、壊滅させることができたとしても、それだけではまだ「敵輸送船団撃滅」という本来の目的を果たしたことにはなりません。ここで引き返すくらいなら、敵巡洋艦隊を一隻も沈めずに輸送船団を撃滅したほうがいいのです。

これは作家の半藤一利さんがおっしゃっていたことですが、日本の軍人には「金鵄《きんし》勲章」という出世システムがあったそうです。その査定で評価が高いのは、やはり敵戦艦や巡洋艦を沈めた場合でした。巡洋艦を一隻でも沈めたらもう軍人としての功績大。ところが輸送船は、自軍の兵站も馬鹿にしているくらいですから、いっさい評価されませんでした。

日本の巡洋艦隊が本来の目的を果たさずに退却した背景には、このような人事システムがあったのです。第一次ソロモン海戦で敵巡洋艦を何隻も沈めた。功績特大なのでとっとと帰還しよう――このように本来の目的を忘れてしまうのも当然です。

しかし被弾した「鳥海」の艦隊司令部では、自身も負傷した早川幹夫艦長が、「輸送船団を撃滅しなければ、飛行基地が敵の手に落ちて味方が大変なことになる。だから、鳥海一艦でも敵輸送船団を撃滅する」と主張していたことを忘れてはいけません。艦隊を率いる三川軍一司令長官が、その正論を受け入れて進撃に転じていたら、戦争の帰趨が変わっていたかもしれないのです。

第二部

二十世紀の歴史は石油が動かした

日本も出光佐三を子爵にする戦略眼があれば、戦争に負けることもなかったでしょう。——渡部昇一

第五章

エネルギー革命が戦争を一変させた

渡部昇一

シェル石油の原点は日本の三浦海岸

第一次世界大戦時、イギリスの海軍相だったチャーチルは石油の重要性を誰よりも早く認識していました。そこで二〇〇万ポンドという大金をつぎ込んで、アングロ・イラニアンの株式の五二・五五％を取得し、同社をイギリスの国策会社としたのです。イギリス海軍は莫大な石油の供給源を確保できたおかげで、軍艦の燃料革命を果たすことに成功します。日本の連合艦隊が燃料を石炭から石油に全面的に切り替えたのは、イギリスに遅れること十年以上も後の一九三〇年です。

チャーチル自身は騎兵出身でしたから、いわば素人大臣です。その彼が海軍の一部の強硬な反対を押し切って燃料を石炭から石油（重油）に切り替えました。素人でも戦略眼とガッツがあればできるのです。チャーチルは第一次世界大戦が終わるとすぐにカイロ会議を開いて、イラクの石油利権も手に入れました。

イギリスの国力、総合力の強さの一つだなと思った、次のような話がありま す。十九世紀後半、ロンドンで父親が雑貨を手押し車にのせて引き売りする貧しいユダヤ人の青年マーカス・サミュエルがいました。一八七一年、高校を卒業した彼は、三等船室の片道切符で日本を訪れました。その際に三浦海岸で見つけた貝があまりに美しかったので、拾い集めて加工したものを父に送りました。

この貝殻細工は物珍しさからロンドンで飛ぶように売れ、父親はロンドンに雑貨店を構え、サミュエルは横浜で「マーカス・サミュエル商会」を創業し、日本の雑貨類をイギリスへ輸出しました。その後、運送業の事業を拡大した彼は、世界の「タンカー王」となり、ボルネオ島の油田開発をオランダの石油会社と共同で成功させました。貝殻から始まって、のちに財を成したから「シェル」という名前の会社になったのです。

第一次大戦ではイギリス艦隊に石油を供給し、イギリスの勝利に貢献しました。サミュエルはロンドン市長になり、一九二一年に男爵の爵位を授けられて貴族に列せられると、さらに火薬工場を建て、その四年後には初代ベアステッド子爵になっています。

ユダヤ人であろうと貴族にする。石油を売ったぐらいでと思うかもしれませんが、イギリスがいかに石油の重要性を認識していたかを示すエピソードです。エネルギーに対する配慮がなんと高いことか。日本も出光佐三を子爵にする戦略眼があれば、戦争に負けることもなかったでしょう。

近代のヨーロッパ諸国において、ユダヤ人に対してもっとも寛容だったのが大英帝国でした。たとえば十九世紀後半、つまり大英帝国の絶頂期に、イギリス保守党出身の首相となったベンジャミン・ディズレーリ(Disraeli)、つまり「デ・イズラエリ」(イスラエルから来た人)という姓が示すように、ユダヤの血を引いていました。父親の代になってキリスト教に改宗したため、厳密な意味でのユダヤ人とはいえませんが、彼がユダヤの出身であることは当時から周知の事実でした。

大英帝国はユダヤ人のディズレーリを首相にしたことで、「日の沈まぬ帝国」になりました。一八七七年、ビクトリア女王をインド帝国初代皇帝にしたのもディズレーリですし、膨張主義を取っていたロシアの南下政策をベルリン会議で封じることに成功したのもディズレーリの功績です。スエズ運河をエジプトから買い取ったのも、ロスチャイルドと組んだディズレーリでした。

日本は戦争で勝てない国になった

産業革命はイギリスで石炭の利用法が発見され、蒸気機関が発明されたことから始まります。鉄鋼業では鉄が大量につくれるようになり、その象徴が黒船でした。日本も明治以降は石炭の使い方を覚え、石炭の輸出国となります。石炭全盛の時代を迎えるなか、日露戦争以後は、戦艦も自国でつくるようになって、列強の仲間入りを果たします。

考えてみれば、明治時代に入るまで日本が繁栄を維持することができたのは、燃料が木材や炭ぐらいでよかったからです。明治になって産業革命の時代に入っても、当時は幸いにして日本には石炭がありました。だからこそ日清、日露戦争に勝利することができたのです。ところが、日露戦争からわずか十年後の第一次世界大戦では、エネルギー革命によって事情が一変します。

当時、第一次世界大戦を見に行った観戦武官は、戦争が石炭から石油の時代へと移り変わったことを思い知らされます。軍艦はもちろん、地上でも騎兵は消えて石油で動く戦車になり、さらに第一次世界大戦で登場する飛行機の燃料もすべて石油です。日露戦争と違って戦争の七、八割は機械同士の戦いで、人間の出る幕は少ない。しかも、その機械はすべて日本にはない石油で動いていました。

石油がなければ戦車は動かず、飛行機も飛ばせません。世界に冠たる連合艦隊も海戦はおろか出撃すらできません。この事実を目の当たりにした日本の軍人たちは、「日本は戦争で勝てない国になった」と悟りました。

もう一つ大きく変わったのは、戦争が国民を巻き込んだ総力戦になったことです。フランスの軍需工場を訪ねてみると、兵器をつくっているのに男がいないのです。男性はみんな戦場に行ってしまい、女性が工場で兵器をつくっている。にもかかわらず、男の職工に勝るとも劣らない品質の鉄砲や機関銃を製造していました。女性が兵器工場で働く社会、経験の浅い女性でも男の職工以上の品質を保てる生産方法が確立されていたということです。大正時代の日本でそんなことができるかといえば、とてもできません。

日本が戦争に勝てない国になったと正直にいった人は、『坂の上の雲』の主人公の一人で、日本海海戦の作戦担当参謀だった秋山真之です。第一次大戦の観戦武官としてヨーロッパに渡った彼は、この事実を突きつけられ、しだいに精神を病んでいきます。

軍部が決定的におかしくなっていくのも、このころからです。エネルギー問題の解決策が見当たらず、焦っているうちに外交面の失敗が目立つようになったのです。

統制派と皇道派、条約派と艦隊派

じつは陸軍と海軍との間で、エネルギー問題への危機感には違いがありました。当時の陸軍は二〇個師団ほどしかなかった兵を四個師団も減らし、余った予算で機関銃部隊をつくっています。陸軍は設立当初からロシアが仮想敵国です。アメリカを仮想敵国としていない陸軍に、石油問題がピンときていた節はなく、彼らは日本を総力戦のできる国家体制にしようと計画していました。これが「統制派」といわれるグループです。

陸軍のエリート官僚で統制派だった永田鉄山は、スイス、スウェーデン、デンマークの駐在武官として第一次大戦を観察し、秋山真之と同じようなことを考えて、全体戦争のあり方を考えています。彼は昭和十（一九三五）年に陸軍の内部抗争に巻き込まれて暗殺されてしまいますが、東條英機さんが引き継いで、いつの間にか日本は国家社会主義になってしまうのです。

一方の海軍は石油に敏感でした。軍縮会議に賛成し、中近東の油田を握るイギリスや、カリフォルニアから石油が出るアメリカと妥協しようと考える「条約派」が形成されます。ただ、石油よりも大砲の大きさばかりに関心を向ける「艦隊派」もいて、彼らは英米を敵に回して独伊と結ぶことを考え、条約派と対立します。

一九二二年に第一次大戦の戦勝五カ国によって主要艦の保有制限を話し合うワシントン軍縮会議がありましたが、当時の加藤友三郎海軍相が主張した「国防は軍人の専有物にあらず」「アメリカとの戦争・建艦競争は経済財政面から不可能」という路線を、条約派は継承していました。

加藤さんは日本海海戦の参謀長として連合艦隊司令長官の東郷平八郎さんについていた人ですから、現実が見えていたのです。のちに首相にもなる人ですから、説得力もあったのでしょう。ワシントン軍縮会議はわりとスムーズに交渉がまとまって、米英日の保有割合「5：5：3」を海軍も呑みました。

しかし、それから十年近く経ち、補助艦の保有制限を話し合うロンドン軍縮会議のころになると、加藤友三郎はすでに亡く、海軍内では艦隊派が強くなっていました。一九三〇年に条約を締結して帰国しますが、艦隊派の強硬路線は勢いを増していた。当時のマスコミが支持したのは、「戦えば勝つ」と主張する艦隊派で、そこから日独伊三国同盟（一九四〇年）が結ばれることになります。

なぜ東條英機が選ばれたのか

なぜ日本が対米戦争に傾いていったのかを考える際には、昭和十六（一九四一）年十月に東條英機が首相になったプロセスに注目すべきだと思います。東條英機は、五十六歳のとき第二次近衛内閣で陸相として初めて入閣しますが、それまでは陽の当たる出世街道を歩んできたわけではありません。東條にスポットライトが当たるようになったのは、二・二六事件が関係していたと考えられます。

事件が勃発したとき、東條は満洲にいましたが、叛乱に与《くみ》した者たちを徹底的に取り締まりました。そのことが昭和天皇をはじめ陸軍首脳の目に留まったのです。近衛文麿首相がアメリカとの交渉に失敗して内閣総辞職したとき、次期政権は、ＡＢＣＤ包囲網のなかで石油を確保をするために、どうしてもアメリカやイギリスに譲歩しなければなりませんでした。

さらに時局は風雲急を告げていました。シナ事変は、第一次近衛内閣の「蔣介石政府を相手にせず」という愚かな声明のために、収拾の目処《めど》がつかなくなっていました。ヨーロッパも抜き差しならぬ情勢であり、関東軍は強大なソ連軍と国境を接して相対峙していました。いたずらに時間を浪費していたら、再び二・二六事件のようなことが起きる可能性が十分にある。そのとき陸軍を完全に抑えられるのは誰か。東條しかいない。こうした国内向けの理由で、次期首相に東條が選ばれたのではないでしょうか。

東京裁判で東條さんが次のように言っています。もし海軍が「戦争できない」と言えば、私は何としてでも戦争を回避しただろう。ところが、海軍は決してできないとは言いませんでした。軍令部総長は「一年半ぐらいなら可能」とか、海軍相は「首相に任せます」とか言って逃げるのです。戦争できないなら「できません」と言って負け戦を回避するのが、国を守る軍の存在意義のはずなのですが、それが言えませんでした。

このようにして態度を留保していた海軍も結局、百田さんが指摘するように、石油がなければ、軍艦を動かすことができません。そこで油田のあるスマトラのパレンバンの占領を考えます。パレンバンを占領するためには、アメリカ海軍が出てくるのを防がなければならない。ならばハワイの真珠湾を叩こう、という発想に傾いていきました。

東條は統制派の中心人物でもありましたが、統制派の一方で、ひたすら愛国心を鍛えよという精神論に左翼が結びついた皇道派や左翼かぶれの青年将校が生まれました。彼らによって二・二六事件が起こり、その結果として統制派は黙って天下を取ることができました。その後、敗戦に至るまでの日本は、山本七平氏の言葉によると「陸軍に占領されたような国」でした。

もたざる国の悲哀

東條や日本政府がそのつど選択した政策は、アメリカ、イギリス、オランダなど相手国の出方があっての反応であり、そこには因果関係があります。日本は闇雲に戦争に走ったわけではありません。その流れを把握しなければ、偏った議論に陥ってしまいます。幸いにして、東條が東京裁判で語った「供述書」は、「いかにして日本が自衛の戦争をしなければならなくなったか」の経緯が詳《つまび》らかにされています。

日本は石油や鉄鉱石などの原材料を自前で産出できません。一九三〇年にアメリカが課した高関税をきっかけとして、世界経済はブロック化し、貿易量は一九三一年までの一年間で、半分近くに減少したといわれます。

「アウタルキー（autarky）」という当時の言葉があります。「自已完結経済単位」と訳されますが、要するに輸出入に頼らなくても近代国家として生きることのできる領土をもっているということです。「もてる国」をアウタルキー国家といい、当時でいえばアメリカ、世界の四分の一を植民地にしていたイギリス、インドネシアを領土としていたオランダ、そのほかフランス、ソ連が当てはまります。

東條は供述書で、日本が非アウタルキー国家であることを、終始一貫して主張しています。それでも外部から必要な資源などが輸入できれば問題なかったのですが、当時のブロック経済のもとでは、それができませんでした。だから、原材料を押さえているアメリカやイギリス、オランダといった「もてる国」を相手に戦うという発想が、はじめは東條になかったのは明らかです。

そして、「もたざる国」というのは、奇しくも松岡洋右が画策した日独伊三国同盟の三国であるドイツ、イタリア、日本のことです。ドイツも、石油利権確保のためにはルーマニアに進出しなくてはならないと考えていました。常識で考えれば、石油のない国と同盟して石油をもっている国を敵に回すという構想はありえないのですが、一九四〇年第二次近衛内閣によって日独伊三国同盟は締結されました。

一九四一年、第三次近衛内閣が発足して間もなく、日本は南部仏印（フランス領インドシナ、現在のベトナム）のサイゴン近辺に進駐します。進駐の理由は何よりも、石油資源・鉱物資源の宝庫である南方地域との断絶を恐れたからです。

その結果、日本はアメリカによる在米日本資産凍結、石油全面禁輸という強烈なしっぺ返しを食らいますが、日本からすれば、進駐しなければ仏印を彼らに押さえられると判断せざるをえない状況にあったのも事実です。

もしアメリカが石油の禁輸措置を緩和してくれれば、日本は撤兵する用意がありました。海軍が対米戦争突入の研究を始めたのは石油禁輸の問題が出てからであり、真珠湾攻撃の図上演習は、作戦開始の三カ月前にようやく始まったというありさまで、じつのところは「泥縄式」に始まった戦争だったのです。

日本のエネルギー問題と「もんじゅ」

私たちは「もたざる国」の国民として、いま運転を停止している原発が再稼働できずにいることで、防衛費の総額にも匹敵する年間三兆円以上の金が無駄に消えていることを知らなければなりません。しかも、余計な出費はさらに膨らむ可能性が大きい。世界の天然ガスは値上がりの方向に向かっていますし、円安傾向もあります。

現在、日本の原発技術は世界最先端です。日本が高速増殖炉「もんじゅ」までを視野に入れていたのは慧眼というべきでしょう。「もんじゅ」が完成すれば、少なくとも日本のエネルギー問題は五百年、千年単位で解決するのです。いまでも高速増殖炉の開発を続けているのは日本、ロシア、シナ、インドくらいです。今後も日本が開発を継続させれば、それだけで世界中から最高の原子力科学者が日本に集まってきます。もし開発に成功して高速増殖炉を世界に輸出することができれば、シナのように資源漁りをする必要もなくなります。

第六章

石油を制する国は世界を制す

百田尚樹

ペリーの来航はなかったかもしれない

大東亜戦争とは、石油のための戦争であり、石油のために敗れた戦争でもありました。そして日本の戦後の復興は、中東で産出される安価な石油に支えられていました。石油については『永遠の0』のなかでも触れていますが、小説の直接のテーマではありませんでした。しかし私は、石油がもう一人の主人公だと思っていましたから、石油会社の出光興産とその創業者・出光佐三（一八八五〜一九八一年）をモデルにした『海賊とよばれた男』（講談社）を執筆するに当たって、石油の歴史をもう一度、一から勉強し直したのです。

二十世紀において石油が国の興亡を決していたのは、何も日本に限ったことではありません。石油は世界の勢力図を塗り替え、国家や生活、戦争のあり方を一変させました。二十世紀の歴史を動かしたといっても過言ではないのです。

世界で初めて石油産業が生まれたのはアメリカでした。安政六（一八五九）

年にアメリカのドレイク大佐がペンシルベニア州で油田を掘り当てたのが、世界初の本格的な商業石油採掘です。このころは原油から灯油をつくることが目的で、灯油を使った石油ランプは、当時のアメリカで「世界一美しい光」といわれました。

灯油を使う前は、鯨油《げいゆ》をランプの燃料に使っていました。捕鯨が一大産業に発展したのはそのためで、一八五三年にペリーが来航して江戸幕府に通商条約の締結を迫ったのも、捕鯨船の補給基地が欲しかったからです。ドレイク大佐が油田を発見したのは、その六年後です。

もし油田の発見がもう十年早ければ、ペリーの来航はなかったかもしれません。灯油ランプは明るかったうえに、鯨油に比べてはるかに安価でした。油田の発見後、アメリカの捕鯨産業は一気に衰退し、一八〇〇年代後半には完全に衰退産業になりました。

中東では一九〇八年、イギリス人のウィリアム・ダーシーがイランで油田を掘り当て、イランで採掘できる量の六分の五に及ぶ広大な石油採掘の利権を手にしました。それ以来、中東をめぐる欧米諸国の利権争いは激烈を極めることになります。のちに「世界の火薬庫」と呼ばれる中東の受難の歴史の源流となったわけです。

ところが、ウィリアム・ダーシーは資金的に行き詰まってしまい、せっかく手に入れたこの利権を他国に売り渡そうとしました。そこで当時イギリスの海軍相だったのちの首相チャーチルが、イギリス政府を説得してこの利権を買い上げ、イギリスの財産とします。

このイギリスの国策会社が「アングロ・イラニアン」、現在の「BP（ブリティッシュ・ペトロリアム）」で、世界の石油生産販売を支配する巨大石油会社セブン・シスターズの一社へと発展していきます。半世紀以上にわたって、会社の株式の過半数をイギリス政府が保有し、イランには一六％の利益しか配分されませんでした。しかも、その恩恵にあずかったのは、イランの王族だけでした。

イランの隣国イラクでは第一次世界大戦前、イギリスとドイツが石油利権をめぐって激しく争っていました。妥協の産物として一九一四年に設立されたのが、「トルコ石油会社」（のちの「イラク石油」）です。持ち株比率はドイツ企業二五％、ロイヤル・ダッチ・シェル二五％、ダーシー・グループが五〇％でした。

その後、第一次世界大戦で敗れたドイツはすべての利権を失い、代わりにフランスがドイツの持ち株を取得しました。ドイツが石油利権を失って「もたざる国」になったことが、第二次世界大戦勃発の要因ともいえるのです。

さらにいうと、戦前に日本が輸入した石油の大半がアメリカのものであったのは、ある秘密協定が結ばれていたためでした。

当時、世界の原油生産および石油販売の八〇％以上のシェアを握っていたのは、ビッグ・スリーと呼ばれたアメリカの「ニュージャージー・スタンダード」、イギリスの「アングロ・ペルシャ」、そしてイギリスとオランダの「ロイヤル・ダッチ・シェル」の三社です。

この三社は第一次世界大戦後、熾烈な販売競争を続けていましたが、それではお互いに得にならないと考えたシェルの社長が、昭和三（一九二八）年に他の二社のトップを自らの居城に招きました。そして、アメリカとソ連を除いた世界の全地域における石油の販売価格とシェアを決めた秘密協定を結んだのです。この協定は、談合した居城の名前を取って「アクナキャリー協定」と呼ばれています。

この秘密協定は二十年以上も世界の誰にも知られずにいました。アメリカ政府やイギリス政府さえも、その存在に気づかなかったのですから、いかに彼らが狡猾に秘密を保持しつづけたのかがわかるでしょう。秘密協定が明らかになるのは、第二次世界大戦後のことです。

石油の一滴は血の一滴

ヨーロッパでは一九一四年六月にサラエボでオーストリア皇太子が暗殺されたことを契機に、第一次世界大戦が始まります。まさにこの第一次大戦の最中に、石炭から石油へのエネルギー革命が起きました。そのことが世界の勢力図と秩序を書き換えていきます。

『海賊とよばれた男』に書いたのですが、第一次大戦は連合国側（イギリス、フランス、ロシア、イタリア、日本、アメリカ）と同盟国側（ドイツ、オーストリア、オスマン、ブルガリア）の戦いで、同盟国側が敗れました。しかし真の勝者はアメリカでした。なぜなら両陣営ともに使った石油の八割が、アメリカの石油だったからです。

当時はまだ、中東の石油産出量は多くなかったので、両陣営とも世界最大の石油産油国であるアメリカに頼るしかなかったのです。大東亜戦争中の日本の標語にもなった「石油の一滴は血の一滴」という有名な言葉は、一九一七（大正六）年にドイツ軍の猛攻にさらされたフランスの首相クレマンソーが、アメリカのウィルソン大統領に打った電報の一文です。「石油の一滴は血の一滴」だから、石油がないとドイツと戦えません。お願いだから石油をくださいと。

当時はヨーロッパが世界の中心で、一番の強国は大英帝国でした。イギリスが握っていた世界の覇権がアメリカに移ったのは、第二次世界大戦後ではなく、実質的には第一次世界大戦のときなのです。

第一次世界大戦では日本も、日英同盟の関係でドイツに宣戦布告し、ミクロネシアを含む南洋群島一帯、さらにはドイツの租借地であった青島を占領しました。この青島攻略戦において、日本軍は飛行機を初めて使用しました。フランスから輸入したファルマンという飛行機で、その燃料に使われたのがガソリンです。

四年にわたる第一次世界大戦によって、イギリスをはじめとするヨーロッパ列強の国力は衰え、これらの国々に代わってアメリカが世界第一の強国となりました。第一次世界大戦は、世界の勢力図と秩序を書き換えた戦争であると同時に、石油が石炭に代わってもっとも重要な戦略物資となった戦争でもあったのです。

新聞社に煽られての反政府運動

「石油をもたざる国」であった日本が、なぜ戦争への道を進んでいくことになったのでしょうか。渡部先生も常々おっしゃっているように、当時のマスコミ、新聞社が国民を煽って戦争に駆り立てた責任は大きいと思います。

日露戦争が終わって、ポーツマス講和会議が開かれましたが、賠償金なしの講和条件をめぐって、多くの新聞社が怒りを表明しました。こんな条件が呑めるかと、紙面を使って論陣を張ったのです。

少なからぬ外国の新聞は、「平和を愛するがゆえになされた英断」と喝采を送りましたが、日本の国民の多くは新聞社に煽られてしまいました。全国各地で反政府運動が起こり、反政府運動は暴動へとエスカレートして日比谷焼打事件が起こります。反戦を主張したほぼ唯一の新聞だった国民新聞は、焼き討ちの目に遭いました。講和条約を結んだ小村寿太郎も、国民的な非難を浴びました。政府は戒厳令のもと軍隊で鎮圧せざるをえませんでした。

日比谷焼打事件以降、国民の多くは戦争賛美へと進んでいきました。そして一九三二年に五・一五事件が起きます。アメリカなどに譲歩して、軍縮に向かいつつある時の政府首脳を、問答無用と撃ち殺した軍事クーデターです。多くの新聞社は彼らを英雄とたたえ、彼らの減刑を主張しました。減刑嘆願運動は国民運動となり、裁判所には七万通を超える嘆願書が寄せられたといいます。

新聞社の煽りで火がついた世論に引きずられるように、首謀者たちには非常に軽い刑が下されました。この異常な減刑が、一九三六年の二・二六事件を引き起こしたといわれています。

こうして、ついに軍部の突出に刃向える者はいなくなりました。

誰が日米戦争を望んだのか

それにしても、いったい誰がアメリカと戦争しようといい出したのでしょうか。いまだに真相は藪の中なのですが、個人的には海軍だと思っています。渡部先生もおっしゃるように、陸軍の仮想敵国は長年ロシアでした。しかも中国と戦争をしている最中にわざわざアメリカと戦い、戦線を太平洋の向こうまで拡大したいと考えるはずがありません。

ところが海軍の事情は、陸軍とはまったく異なります。ぐずぐずしていると石油が切れて、戦争したくてもできなくなってしまう。そうなると国内での発言力はゼロ、存在意義すら失われかねません。

海軍はアメリカを仮想敵国として演習は行なっているけれど、実際の戦争はしていませんでした。だから日露戦争以降の海軍にとって、最大の敵は何だったかというと、現実には陸軍です。海軍と陸軍の予算のぶん取り合いで、陸軍に負けたくありませんでした。

日米戦争に関しては、歴代首相をはじめ日本の上層部もずっと消極的でした。それが一気に開戦やむなしに振れます。海軍が仕向けたと考えなければ、とうてい理解できません。

石油に関しては、『海賊とよばれた男』にも書きましたが、いわゆる「水ガソリン詐欺事件」がありました。海軍のエリート官僚で日本最高レベルの知性をもつとされる山本五十六が海軍次官のときのことです。自称「発明家」が持ち込んだ「水から石油を生み出す方法を発明した」というインチキ話に、彼がまんまと引っかかってしまったのです。

化学の知識をもつ技術者たちは、「水（H_2O）には石油のもとになる炭素（C）が入っていない。ありえない話だ、ふざけるな」と追い出そうとしたのですが、何とか上に働きかけたら、山本五十六さんが人を集めて真剣に話を聞いている。それで資金を出して三日間も実証実験をして、実験中に大福の差し入れまでしているのです。化学の知識によほど欠けていたのか、あるいはもたざる国に生まれた悲哀か、石油の問題は戦前の人間の常識や平衡感覚を麻痺させてしまうものだったのかもしれません。

また当時の日本は、石油精製技術のレベルが高くありませんでした。アメリカは石油を全面禁輸にする前に、オクタン価の高い石油を先に禁輸しました。日本が自前で製造できたのは、オクタン価八〇後半からせいぜい九〇台前半がやっと。対するアメリカは、オクタン価一二〇とか一四〇を精製することができました。

戦後にアメリカ軍がフィリピンの戦いで捕獲した陸軍の四式戦闘機「疾風《はやて》」に、オクタン価一四〇の燃料を入れて飛ばしてみたところ、P51ムスタングよりも高い性能を示しました。P51は、第二次大戦最強の戦闘機といわれる飛行機です。つくづく戦争とは総合力だと思い知らされます。

ポスト石油時代を考える

現代社会におけるポスト石油の問題は、渡部先生がおっしゃられるように原子力も重要ですが、いくつかに分けて考える必要があると思います。

まず、地球上に石油があとどのくらい残っているかということですが、絶対量については誰も確たることはわからないでしょう。わかっていてもパニックを恐れていわないだけかもしれません。

次に、石油の生産量がピークを迎えて、その後、頭打ちになり、生産量が需要増に追いつかなくなって石油価格が高騰するピークオイル説がいわれますが、採掘可能な埋蔵量は採掘コストをどう見るかによって大きく変わってきます。採掘技術が進めば、いままでと変わらないコストで、より多くの石油が採掘可能になるかもしれないのです。

メタンハイグレードやシェールガスが石油に代わる新エネルギーになるかどうかも、結局は取り出すのにどれだけのエネルギーが必要となるかが問題です。一〇〇のメタンハイドレートのエネルギー量を取り出すために、一〇〇以上のエネルギーを使ったら意味がありません。しかも取り出す設備や機械の動力は石油を使っているのです。

私が思うに、石油の代わりになるエネルギーは現時点ではないと思います。原子力は電気エネルギーをつくり出すことはできるので、その意味ではとても重要なものです。ただ、石油の役割を原子力に置き換えることは不可能です。石油がなければ、ガラスもビニールもゴムもできません。石油が原料の合成化学物質は、原子力ではつくれませんから。発電所の電力を都会に送る送電線や電線パイプはどうするのか。もし仮に原子力で走る安全な自動車ができたとしても、原子力で自動車のボディをつくることはできないのです。石油がなくなれば、現代生活は崩壊して十九世紀の世界に逆戻りです。

第三部

戦後の復興を支えたもの

働くことによって、自分たちは飯が食え、会社も復興する。さらには日本のためになる。——百田尚樹

第七章

敗戦を戦後の糧にした

渡部昇一

岸首相が築いた戦後復興の枠組み

戦後復興を語るうえで忘れてならないのは、その枠組みをつくった岸信介首相の存在です。

岸さんは戦後、A級戦犯容疑となりますが、不起訴となって公職追放となりました。公職追放はサンフランシスコ講和条約が発効した一九五二年に解除となり、岸さんは政界に復帰します。じつはその直前、岸さんは西ドイツを訪問しています。戦勝国のアメリカを選ばなかったのが彼の政治センスの優れたところで、当時の西ドイツは奇跡的な復興を遂げていました。

私は一九五五年に西ドイツに留学したので、当時の彼我の違いがよくわかります。このころの東京はバラックだらけで、大学寮は冬は外と同じくらい寒く、夏は外よりも暑かった。トイレ、洗面所は別の建物。雨の夜は大変でした。ところが、西ドイツは街中が廃墟になったにもかかわらず、すでに再建が進み、学生寮でさえセントラルヒーティングが行き渡っていたのです。

当時の西ドイツではアデナウアー初代連邦首相が圧倒的な支持を得ていて、私は知人の家を訪ねたときに、普及しはじめたばかりのテレビで彼の演説を聞きました。アデナウアーはこのとき、「外交はアメリカと足並みをそろえる」「共産主義とは妥協しない」「統制経済をやめて自由主義経済を採用する」という三つの方針を示しました。

のちに岸首相も、アデナウアーとまったく同じ方針を採用します。一九六〇年に日米新安保条約を結び、共産主義とは相いれず、統制経済を次から次へと解除しました。その枠組みのなかで、のちの池田内閣、佐藤内閣は復興に専心し、世界史の奇跡ともいわれるような経済復興を成し遂げ、日本は世界第二の経済大国に躍り出ることになるのです。

岸さんは戦前の事情をよく知っていますから、先の戦争で日本だけが悪かったとはまったく思っていませんでした。だから政界に復帰した彼には、ともかく最初にやらなければならないことがありました。憲法改正です。

岸さんは戦前の東大法学部出身で、東大教授になろうと思えばなれたほどの秀才でした。当然ですが、新憲法が憲法ではないこともよく知っていました。

憲法とは主権の発動です。占領下の日本に主権があるはずがない。しかも占領軍は、恒久的な法律を被占領国に課してはいけないと、ハーグ国際条約で決められています。

つまり、国際条約違反のもとで勝手に進駐軍が日本に憲法をつくらせたのです。それも自分たちの意図を入れて、日本人がつくったという形にしました。それはすなわち占領政策基本法であると岸さんは見てとりました。だからこそ、講和条約発効で独立（主権）を回復した暁には、最初に自分たちで憲法を制定する＝占領政策基本法を変えるのは当然と考えたのです。

そこで衆参両院三分の二以上の賛成を必要とする憲法改正発議に向けて、まずは強引に自由党と日本民主党による保守合同を進め、一九五五年に誕生した自由民主党の幹事長となりました。その後、一九五七年に首相に就任します。

サンフランシスコ講和条約の一番の欠点は、独立を回復したといいながら、米軍の駐留に関しては占領時代と同じだったことです。

これも独立国としてはありえない異常事態ですから、安保条約を改正して、対等の条約にしなければいけない。そこで安保改定を第一に目指しました。独立国の政府トップとして当然の方針です。改定しなければアメリカ軍は占領時と同じように振る舞えるのですから。

ところが、この六〇年安保闘争は、怒濤の闘争となりました。何万もの人々が国会に毎日押しかけ、いよいよ警察も守ることができそうにない。「どこかへ避難して隠れてください」というようなことを岸さんに言ったのですが、「首相の私がいったいどこへ隠れるというのか。死ぬならここで死ぬ」と言い放ちます。度胸がありました。A級戦犯の容疑者として絞首台を目の前に見ていますから。

デモが最大に盛り上がったとき、首相官邸にはもう弟の佐藤栄作さんと岸さんの二人しかいませんでした。付き人たちもみな怖がって逃げてしまいました。それでも安保改定を通しました。成立した安保条約の枠組みは、いまに至るまで少しも変わっていません。戦後の復興は、岸さんが命がけでつくった枠組み抜きには実現しなかったということです。

自らの非を率直に認めた

大東亜戦争でアメリカに大敗した日本経済が戦後、見事に復興を成し遂げられたのは、何よりもまず、莫大な埋蔵量を誇る中東の石油を、安い価格で大量かつ安定的に輸入できたことが大きいでしょう。戦後に発見された中近東の石油の埋蔵量は、当時の常識を超える膨大な量でした。中東の石油輸入の先鞭をつけたのはもちろん、出光興産です。資源小国の日本が生きるも死ぬも、結局のところエネルギーが問題なのです。

戦時中は私は、石油がわりに松根油《しょうこんゆ》をつくらされた口ですから、戦後に石油ストーブの燃料が一斗缶で配達されるようになって、世界が変わったように思いました。「石油の一滴は血の一滴」だったのに、「こんなことしていいのかな」と一斗缶の灯油をドクドクと石油ストーブに注ぎながら、罪悪感をもったことを覚えています。

中東の石油を巨大なタンカーに積んで輸入できるようになって、日本はどうしたかというと、沿岸部に原材料から加工工場までを集積させた工場地帯をつくりました。

欧米の製鉄業などは、鉄鉱山のある内陸部の都市で発展し、燃料となる石炭や石油は鉄道で輸送しました。しかし鉄道貨物のコンテナをどれだけ連結しても、一度に何十万トン積載できる巨大タンカーの比ではありません。

沿岸地帯は、高潮や津波、地震発生時の流動化といったリスクもありますが、加工貿易が強みの日本にはとくに大きなメリットがありました。海外から輸入されてくる原料やエネルギーを、臨海工業地帯に集まる労働者の技術力を使って、良質で付加価値の高い製品に加工し、でき上がった製品を船で海外に輸出するのです。

石油エネルギー・原料を最大効率で産業化する、いわゆる「臨海工業地帯」は世界的な発明だそうです。いまの韓国やシナの沿岸工業地帯は、日本を真似したのです。

工場と飛行場が離れ、完成したゼロ戦を牛が一晩かけて運んだ名古屋三菱時代とは隔世の感があります。民度が上がって総合的に考える力がついたということでしょう。一ドル＝三六〇円の固定相場も、日本製品の国際優位性を後押ししました。

もう一つの大きな変化は、日本人が率直に「非効率」や「戦略眼のなさ」といった自らの非を認めたことだと思います。名刀のゼロ戦をつくるためには、一流の職人と世界最高レベルの工作機械が欠かせませんでしたが、当時の日本は工作機械をアメリカとドイツから輸入していました。とくにエンジンの工作機械はアメリカ製でしたから、禁輸措置によって、ゼロ戦の性能は大きく低下したそうです。

戦後の日本は、工作機械の開発に尽力しました。その結果、一九八二年から二十七年間、日本は工作機械の生産額で、世界トップになりました。残念ながら、二〇〇〇年に生産額ではシナにその座を明け渡しましたが、品質・性能は依然として世界最高レベルです。

さらに、ゼロ戦や潜水艦ではアメリカと比べて電子機器の分野が圧倒的に遅れていました。この分野も戦後、ソニーや松下（パナソニック）、キヤノンなど日本の電機・精密機器メーカーは世界ブランドへと発展しました。

日本は戦争中の失敗を徹底的に反省して、戦後の産業振興や企業自身の国際競争力強化に生かしました。もう一つつけ加えれば、戦略眼や総合力がないだけで、もともと個々の技術開発や職人の技術力には、目を見張るものが多かったともいえます。日本人は自虐史観はよくないけれども、反省は次に生かせるようですね。

公務員天国は亡国の道

戦後、私は田舎で生活していましたが、いちばん活気があったのは引き揚げ者です。戦場という地獄を味わっているから、何でもやりました。そして引き揚げ者は、ほぼ全員が成功していました。どん底の生活に留まった人はいませんでした。働き方が違うし、頭の使い方が違います。引き揚げ者を先頭に、働きづめの日々を経て、日本人は豊かな社会を築きました。

ところが不思議なことに、そのうち官僚が「働くな」といい始めたのです。働く人のいちばんの要望は「休みを増やせ」ではなく「賃上げ」だったにもかかわらずです。また、受験戦争が激しいからといって「勉強するな」といったのも官僚です。親たちの要望はむしろ、「もっと勉強させたい」でした。

日本の官僚が一生懸命働いたり、勉強したりしないようにしているのです。官僚は国民や民間企業の民度を自分たちの低レベルに合わせようとしているのでしょうか、理解に苦しみます。世界市場で競争している民間企業の社員は、働かないと会社が潰れますから必死に働いています。官僚にあれこれ指図されるいわれはありません。それこそ亡国への道です。

欧州の経済危機の発端はギリシャの債務危機でした。なぜギリシャは、国家破綻しかねないような債務危機に陥ったのでしょうか。答えは簡単です。公務員を増やすような政策を掲げる政党が政権を握ったからです。

公務員は富を生みません。国家をよりよく運営するために、富を消費するのが公務員の仕事です。富の生産より消費に重点を置いた国家運営がなされたのだから、債務が増えるのは当然なのです。

EU（欧州連合）圏内でなぜドイツだけが突出しているのでしょうか。これも答えは明快です。製造業が盛んで、生産力、モノをつくる力があるからです。EU圏内で債務に喘《あえ》ぐ国とドイツを見比べると、国力とは生産力、モノをつくる力なのだと思わずにはいられません。

脱原発は国家百年の大計を誤る

二十世紀の歴史、大東亜戦争、戦後復興の議論を通じて、エネルギー問題が国家戦略においていかに重要か。いまこそ、日本人は頭を冷やして冷静に考えなければなりません。脱原発は国家百年の大計を誤るどころか、日本国家の存立さえあやうくする暴挙です。

実際に福島第一原発事故による放射線で死亡した人は一人もいないし、放射線の患者も報告されていません。ところが民主党政権が高齢者や病人を強制的に避難させた結果、そのストレスや過労によって、死者まで出すことになったのです。後でわかったことですが、放射線医学の権威によれば、放射線量のもっとも多い地域でさえ、人体に影響を与えるほどではなかったといわれています。

そもそも放射線による被害を考えるなら、広島や長崎の原爆被害を参考にすべきではないでしょうか。当時の放射線量率は福島原発事故の一八〇〇万倍にも達したといわれます。ところが死亡者の大半は、原爆のものすごい高熱で焼け死んだ焼死、あるいは建物の倒壊によるもので、これらに比べると、放射線で亡くなった人の数は非常に少ないのです。

長期的な健康被害、遺伝についても、その後、世界的な遺伝学の権威たちが何十年にもわたる追跡調査を行なっています。被害に遭わなかった周囲の県よりも、むしろ広島県民のほうが長命です。奇形児の発生もとくに報告されていません。

一九八六年のチェルノブイリ原発事故では、爆発を無理やり抑え込もうとした操作員や消火活動に当たった消防士ら数十人が死亡し、さらに消火後の清掃作業に当たった労働者が亡くなっています。いずれも十分な保護具を与えられなかったからです。住民については、その後、日本財団が行なった追跡調査によると、最も放射線の影響を受けやすい甲状腺がんにかかった人は約六〇人いて、そのうち亡くなったのは一五人。白血病で亡くなった人も一人いましたが、二十年以上も調べれば、どんな地域でもこれぐらいの死者は出るだろうという程度の数字です。

「放射線が遺伝に影響を及ぼす」という報告は、アメリカのマラーという遺伝学者によるものです。一九二七年、ショウジョウバエのオスに放射線を浴びせたところ、多くの突然変異が生まれたと発表されました。ところがDNAが発見されると、人間の細胞は宇宙線や放射線などによって障害を受けても、修復酵素によってすぐに修復されることが判明したのです。ショウジョウバエのオスの精子は、修復酵素をもたない例外的なものだったために、放射線を浴びた影響が次の世代にまで及んでしまったのです。

ビキニ環礁での第五福竜丸の事件も同様です。「水爆の灰を浴びて大変だ」と大騒ぎになりましたが、無線長の久保山愛吉さんが亡くなったことで、騒動がエスカレートして各方面に拡大しました。学校教育の現場では原子力の恐ろしさを教えるため、日教組が徹底的に第五福竜丸の例を引き合いに出しました。

ところが久保山愛吉さんは、放射能によって亡くなったのではなかったのです。本当の死因は売血の輸血による急性肝炎でした。しかしその事実は隠されて「放射能の灰で死んだ」と、日本中が騒いでいたのです。

民主党政権時代の菅直人氏は、このような事実をまったく無視して、「脱原発」を打ち出しました。不足する電力はメガソーラーで賄うらしいですが、アメリカですら実現できていない太陽光発電を、国土の狭い日本でどう行なうのか。山手線内の二倍の面積のメガソーラーを設置しても、浜岡原発一基分ほどの電力しか賄えないそうです。それも太陽が照っていればの話です。しかもソーラーが設置された大地は、不毛の地となります。豊かな日本の土地がもったいないと思いませんか。

日本が仮に脱原発を選択したとしても、現時点では代替エネルギーは火力しかありません。他の電力は合わせても一〇%程度で、そのうち九%が水力です。風力など他のエネルギーは微々たるもので、ものになるまでに何十年かかるかわかりません。日本海にはメタンハイドレートがあるといわれていますが、これも実用化までの見通しは不明です。

福島原発事故を世界はどう見たか

福島原発事故を、世界はどう見ているのでしょうか。本質をわかっている人の見る目は、日本人とはまったく違います。

何がわかったかといえば、日本の原発はマグニチュード九の地震にも耐えうるということです。巨大な地震で壊れた原発は一つもありません。福島第一では不幸にも津波で、しかも電源がやられました。その辺はまずかったわけですが、福島第一よりも震源地に近い女川《おながわ》原子力発電所は大丈夫で、むしろ被災者の人々が避難する地域になっていたほどです。それを世界中が「ああ、そうか」と見ているのです。しかも福島第一は日本で最も古い原発で、その後の原発は改良されたものばかりです。

原発の安全証明を見た世界はどう動いたでしょうか。まずアメリカは三十数年ぶりに原発をつくる決定をしました。原子炉は東芝の子会社のものです。ベトナムもトルコも増設を計画しています。いちばん隣国の韓国は、日本海に面したところで二基つくると決めました。

日本の原発が安全だったのは、本当の地震波が来る前の弱い波を捉えて運転を止めるという技術を完成させていたからです。これは世界でも日本しか実現していない最先端技術です。東日本大震災でも正常に機能したので被害は皆無でした。ですから「チェルノブイリの事故と似ている」とか「長崎や広島に似ている」とかいうのは、すべて嘘です。

日本の「脱原発」で喜んだのは誰でしょうか。ほかならぬ韓国です。韓国は国策として八〇基の原発輸出を目標にしています。その裏には軽電機メーカーとしてのサムスンの行き詰まりが見え隠れしています。軽電機は技術の転化が比較的容易で、今後、人件費の安い国がサムスンに代わって台頭してくる可能性が高い。

一方で、重電機の技術転化は簡単ではありません。日本は戦前から続く重電機の歴史をもっており、重電機の最たるものが原発です。

日本が脱原発に向かえば、日本の学生は原発という進路がなくなり、原子力関係の先端物理学を専攻する研究者の勢いが失われます。働いている人も将来が見えなくなり、事実、すでに東京電力の原発関係者に対して、外国による引き抜きが始まっているといいます。

日本の原発は世界で最も進んでいるのですから、これをむしろ輸出の大柱にしていくべきだと私は考えています。原子炉の輸出金額は一基でも大きいですから、収入も大幅に増えます。それでＧＤＰ（国内総生産）が大きくなれば税収も増えるのです。

それに対して、民主党政権時代の玄葉光一郎外相は二〇一二年一月、「原発をつくってくれ」といわれてトルコへ行ってきました。しかし野田内閣が脱原発志向だったことから「まあまあ」と言葉を濁したのです。

そこを突いて韓国の李明博大統領が玄葉外相と入れ替わりで、トルコへ「韓国の原発を買ってくれ」とトップセールスするために行っています。安倍政権が巻き返しに動いたおかげで、トルコ原発四基の建設プロジェクトを受注することができたのです（三菱重工業と仏アレバ社）。

日本はすでに貿易収支が赤字になっています。火力発電のために燃料を買わなければならないからです。しかも燃料はホルムズ海峡の封鎖危機などで高騰しています。しかもフル稼働を余儀なくされている火力発電所は現在、あちこちで故障を起こしており、原発と同じレベルでコンスタントに動かすことができません。脱原発は日本経済のアキレス腱となっているのです。

一日一〇〇億円を超える無駄金が、発電燃料を買うために外国に流出しているのです。尖閣列島問題などのため、安倍内閣は防衛費を四〇〇億円増やすと報道されましたが、原発を停止しているために余計に必要な燃料費のたった三日か四日ぶんです。こんな無駄を何年も続けては国がもたないでしょう。

第八章

原動力は働く喜び

百田尚樹

出光佐三という男

『海賊とよばれた男』は、日本がポツダム宣言を受託したことを天皇陛下がラジオの玉音放送で述べられた昭和二十（一九四五）年八月十五日の場面から始まります。真珠湾攻撃を機に四年近く戦った大東亜戦争に敗れた、まさにその日です。

私は物語の書き出しに敗戦の日を選びました。なぜでしょうか。戦争で日本中が焼け野原になり、何百万人もの尊い命が失われました。茫然自失とした当時の状況が、東日本大震災後の日本の姿に重なって見えたからです。

日本では一九九〇年代初頭にバブルが弾け、二〇〇〇年代後半にはリーマン・ショック、世界同時不況に襲われました。多くの経済学者が百年に一度の大不況であるとか、構造的不況であるといった悲観論を口にし、日本経済はもう立ち直れないのではないかといった諦観が、日本全体に漂っていたまさにそのときに、東日本大震災が起こったのです。

私はそのとき「ちょっと待て」と思いました。百年に一度？　もう立ち直れない？　そんなことは断じてありません。六十数年前の日本を思い出してください。もちろん、私は昭和三十一（一九五六）年生まれですから、その時代を知りません。あの時代を知る人も少なくなりました。

けれど、昭和二十年の日本はこんなものではなかったはずです。東京、大阪、名古屋、福岡……と日本の大都市はすべて破壊され、見渡すかぎりの焼け野原であったことは、当時の写真を見ればわかります。すべての海外資産を官民問わず没収され、人も建物も財産も失いました。賠償も求められましたから、マイナスからのスタートです。おそらく日本は半世紀を経ても、満州事変（一九三一年）以前の水準に戻ることはないと連合軍が考えていたのも頷けるありさまでした。

ところが、日本は敗戦からわずか二十年足らずのうちに、アジア初の東京オリンピック開催、世界初の超高速鉄道（新幹線）開通、名神高速道路開通……にこぎつけ、イギリスやフランスなどの戦勝国を押しのけて、アメリカに次ぐGNP（国民総生産）世界第二位という奇跡を成し遂げたのです。

出光興産の創業者である出光佐三の存在を知ったのは、東日本大震災直後のことでした。私がいまも放送作家として制作に関わるテレビ番組「探偵！ナイトスクープ」の女性スタッフが、「百田さん、日章丸事件って知ってますか？」と聞いてきたのがきっかけです。正直、まったく知りませんでした。

一九五三年に出光興産の日章丸二世は、イギリス軍や石油メジャーを向こうに回して、産油国イランから直接取引で満載の石油を日本にもち帰りました。石油の不条理なメジャー支配への挑戦に、日本国民は大歓迎で日章丸を迎えたのです。イギリスのアングロ・イラニアンは出光を提訴しましたが、同社がのちに提訴を取り下げるかたちで決着がつきました。

この日章丸事件を調べるうちに、出光佐三という男に出会い、身震いするほどの感動と興奮を覚えました。明治十八（一八八五）年生まれで昭和五十六（一九八一）年に九十五歳で亡くなっているので、死後三十年以上経ち、世間ではすでに忘れ去られた経営者でした。

奇跡のような復興の背景

世界を驚かせた日章丸事件もすごいが、出光佐三の九十五年にわたる生涯も「劇的」という言葉では足りないくらいの戦いに次ぐ戦いの連続でした。一人の人間にこれほどの苦難が舞い降りるか、という厳しい状況に何度も立たされました。それでも彼は一度も逃げず、一度もひるまず、徹底的に戦いつづけました。日本をいかに素晴らしい国にするか——そのことだけを生涯追い求めた人生だったのです。

最近、若い人たちと話していると、こんなことを言います。

「生まれたときにはバブルは弾けていた。阪神・淡路大震災が起こり、リーマン・ショックがあり、今度は東日本大震災。私たちには希望も何もない、いいことなんか何もない」

とんでもない大間違いです。

いま君たちが立っている地点は、けっしてゼロではありません。敗戦ですべてを失った先人たちが努力を積み重ねて築き上げた現在を、いったい何だと思っているのでしょうか。

あの戦争と敗戦を経験した当時の日本人が、復興に向けていかに頑張ったか。どれほど働いて働いて働き抜いたのか。私は、そうした多くの日本人の象徴として、『海賊とよばれた男』で出光佐三の生涯を描きました。彼と同じような思いで戦後を生き、働いた無名の日本人が大勢いたからこそ、奇跡は成し遂げられたのです。

戦後の経済復興については、日本は運がよかったところもありました。膨大な量を産出する中東の石油そのものはタダみたいな値段で取引されており、石油の値段の大半は輸送費でした。戦前まで世界最大の産油国だったアメリカは、戦後になって石油輸入国に転落します。アメリカも中東の石油を買う立場でした。

石油の値段は輸送費がほとんどですから、中東に近い国ほど石油が安く手に入ることになります。中東から石油を運ぶのに、日本はとても近かった。逆にアメリカは、アフリカ南端の喜望峰を通って、大西洋を渡って運ばなければならず、はるかに遠い距離を運ばなければならなかったのです。

ヨーロッパも、喜望峰を通る航路でした。スエズ運河という近道はありましたが、運河は巨大タンカーが通れませんでした。一〇万トン級、二〇万トン級と、タンカーの容積が大きくなればなるほど石油の輸送料が大幅に下がっていきました。ですから、高度成長期の日本は世界の主要国のなかで、いちばん安い石油を使っていました。そういう運にも恵まれていたのです。

その意味でも、産油国と直接取引する道を切り開いた日章丸事件は、戦後復興史のエポックメイキングな出来事だったと思います。

巨大タンカー時代になると、戦艦大和建造時に培われた技術が佐世保、呉の造船所でよみがえりました。世界のどの国も造ることができなかった巨大タンカーを、日本が建造することができたのは、世界最高レベルの造船技術をもっていたからです。

当時は死ぬ気で働くことができた

戦後の奇跡的な復興は、精神的な要因も大きかったと思います。『海賊とよばれた男』でも触れたことですが、日本は日中戦争から数えて十年以上戦争を続けてきました。生き残った兵隊たちは、シベリア、満洲、東南アジア、フィリピンなどで、地獄の戦場を経験して、やっとの思いで焼け野原の祖国に戻ってきたのです。

当時の日本人は、死に物狂いで働きました。働くことの喜びを、おそらくは日本の歴史上でいちばんもっていた人たちではなかったでしょうか。地獄の戦場で戦うことに比べれば、どんなに苦しくて辛い戦いであっても、死ぬことはないのですから。

たとえば、タンク底の石油くみ出し作業。

終戦直後の日本には石油がありませんでした。GHQの命令で国内の石油精製施設は操業を停止され、輸入も禁じられていたからです。日本政府は再三にわたってGHQに石油の輸入許可を求めますが、GHQは「旧海軍のタンクの底にたまっている油をさらえ」といいました。明らかな嫌がらせです。タンクの底に残った油は、海軍の屈強な軍人でさえもくみ出せなかった油なのです。タンクの底に潜って手作業でくみ出す文字どおりの「汚れ仕事」を請け負ったのが、出光興産でした。しかし、この過酷な仕事の現場でも、笑いが絶えなかったといいます。

働くことによって、自分たちは飯が食え、会社も復興する。さらには日本のためになる。撃たれて死ぬことがないどころか、結婚もできる。戦場とはまるきり違う！

だから当時の日本人は、死ぬ気で働いたと思うのです。そうでなければ、敗戦から二十年足らずでイギリスやフランスを追い越せません。日本にはもともと、海外に売れる天然資源がないのですから、食うためには働いて稼ぐしかありません。

そもそも国民を全員食べさせるだけの食料が国内にはありませんでした。昭和二十年は冷害でコメは凶作。海外から食べ物を買うためにはドルが必要です。

ドルを稼ぐためにどうするかといったら、世界各国から原材料を輸入したり、借りてきたりしたものを一生懸命加工して製品にする。それを海外に売って、ようやくほんの少しだけ儲かる。

日本製品にブランド力がつくのは後のことで、最初は要するに下請けです。ものづくりで得るわずかな工賃を積み重ねていった結果、日本は世界でアメリカに次ぐ第二の経済大国になったのです。本当にどれだけ働いたのか、想像を絶します。

「世界は再び驚倒するであろう」

昭和二十年代から三十年代にかけての日本人の働きぶりは、いまの基準でいうと労働基準法違反だらけだったでしょう。残業手当は出ませんし、週休二日が導入されたのはバブル前後からです。それまでは週休一日で、祝日もいまよりずっと少なかった。

日本の豊かさはこうして成し遂げられたのです。最近は働かない、あるいは長時間働きたくない日本人が増えているそうですが、このまま行くと日本は終わります。

たしかに働きすぎはよくありません。これは一面では正しい。社員を使い捨てるブラック企業もありますし、過労死や自殺の問題もあります。しかし、一方でいわゆる羹《あつもの》に懲《こ》りて膾《なます》を吹くという、そういう部分があります。何から何まで法制度で規定するのもよくない。人には誰しも、とことん働きたいときがあり、とことん働かないといけないときもあるからです。

手前味噌で恐縮ですが、出光佐三と出光興産の社員たちという素晴らしい男たちについて書きはじめたのが、二〇一一年十月の終わりでした。それから翌年五月までの七カ月間書きつづけました。私は執筆するのが大嫌いで、普段は一日三十~四十分しかもちません。ところが、この七カ月間は起きている時間はすべてワープロに向かうか、資料を読むかしていました。そうせずにはいられませんでした。サボれなかったのです。物語のなかで、彼らは死に物狂いで戦っていたのですから。

その間に胆石の発作で三度病院に運ばれました。医師から十日間の入院を勧められましたが、筆を止めるのが嫌で断りました。

出光佐三は敗戦で、会社資産のほとんどを失いました。このとき六十歳で、人生の晩年に差しかかっていました。にもかかわらず、終戦から二日後の八月十七日に生き残った社員を招集し、こういって檄《げき》を飛ばしました。ちなみに彼はメモ魔で、すべての言葉を記録して残しています。

「愚痴は泣き言である。亡国の声である」

「日本には三千年の歴史がある。戦争に負けたからといって、大国民の誇りを失ってはならない。すべてを失おうとも、日本人がいるかぎり、この国は必ずや再び立ち上がる日が来る」

「ただちに建設にかかれ」

「世界は再び驚倒するであろう」

その後の日本は見事に立ち直り、世界を驚かせました。出光佐三のいったとおりになったのです。出光佐三が昭和五十六年に亡くなったとき、昭和天皇が歌をお詠みになられました。一民間人の死に対して歌を詠まれたのは、他に例がないのではないでしょうか。

三月七日、出光佐三逝く

「国のため　ひとよつらぬき　尽くしたる　きみまた去りぬ　さびしと思ふ」

二人に個人的な親交があったわけではありません。国のために尽くした男と陛下が認められたのです。この歌は、出光佐三に象徴される、日本を素晴らしい国にするために働いて働いて働き抜いた日本人全員に向けた歌ではなかったかと、私はひそかに思っています。

二〇二〇年に、東京で五十六年ぶりにオリンピックが開催されることが決まりました。愚痴や泣き言をやめ、世界が三度驚倒する復興に向けて、ただちに建設にかかれ。そう戦後世代のみなさんにいいたい気持ちです。敗戦から立ち上がった先人たちの苦難と比べれば、さほど難しいことではありません。

原発事故とメディアの情報操作

福島第一原発事故が、日本復興の妨げになっていることはたしかです。放射線というのは素人には手が出せない分野で、本当のところは私にはよくわかりません。ただ、目に見えない不気味な存在ですから、マスコミが「危険だ」「不安だ」と煽ろうと思えば、いくらでも煽れる世界です。実際、マスコミはこの問題でよく嘘をついたり、都合よく情報操作をしたりしています。

最近わかったことでは、「ソウルの放射線量は、毎時二・六二マイクロシーベルトであることが判明した」と韓国KBS放送が伝えていました。東京は毎時〇・〇三四〜〇・〇五二マイクロシーベルトなので、ソウルは東京の約六〇倍ということです。福島県の緊急避難区域は、毎時二・二八マイクロシーベルト（年間二〇ミリシーベルト）なので、ソウルは福島の緊急避難区域よりも放射線量が高いことになります。そのソウルが安全なら、緊急避難区域も不要ということになるはずですが、そうはなりません。摩訶不思議な世界です。

一ついえることは、反原発の煽りがひどいということです。先日、放射線の専門家たちが開設しているホームページを見たのですが、「自分たちがどんなバッシングに遭ってきたか」が詳細に書かれていました。「おまえは、原発の推進派の犬か」とか、「もし健康被害が起きたらどうするのか」「責任取れるのか」などと、仕事に差し障るぐらいのバッシングだったそうです。

いまの数値で見るかぎり危険とはいえない、人体への影響はほとんどないだろう、というのが専門家の大方の意見です。ただし、それをいまメディアで主張するのは許さないという空気が、たしかにあると思います。

結局、テレビに出てくるのは、いたずらに原子力の危険を煽る人ばかりです。どうやら放射線学者はテレビに出られないようで、出演しているのはみな原子力の専門家です。原子力の専門家ですから、原発のことは解説できるけれど、人体に対する影響は専門外だから知らないはずです。それを専門家と称して出演させるテレビ局も問題だと思います。

第四部 強い日本を取り戻す

改憲は安倍首相の祖父・岸信介さんの悲願でもあります。——渡部昇一

第九章

マッカーサーの証言を知ってほしい

渡部昇一

もっとも有効な抑止力は核兵器

最近のシナの動向を見ていると、人民解放軍が共産党政府を無視して独断で行動しはじめているのではないかと思うことがあります。二〇一三年一月、尖閣諸島沖にて人民解放軍の艦船が自衛隊の護衛艦に対して射撃管制用レーダーを照射するという事件が起こりましたが、日本が抗議したときに、シナの外務省は事態を把握していませんでした。つまり、軍の出先機関が日本に「ちょっかい」を出してきたということです。

これは戦前と同じ構図です。昭和十二（一九三七）年の盧溝橋事件では、日本政府としては戦争を避けたいと考えていたにもかかわらず、シナのほうから日本軍に攻撃を仕掛けてきたために応戦せざるをえず、シナ事変にまで発展してしまいました。シナ側の軍隊に入り込んだ共産党関係者が、日本軍と蔣介石軍との戦闘を引き起こすべく工作したというのが真相です。それと同じ危険が、現在もあるのです。

もしシナと戦争することになれば、自衛隊の能力は人民解放軍よりも高いため対抗することは可能ですが、残念ながら核ミサイルに対抗する策はありません。だからアメリカの助けが必要になります。

にもかかわらず、日本は二〇〇三年から一貫して、防衛費を減らしつづけてきました。その弊害がいまになって出ています。海上自衛隊の幹部に聞いたところ、すべての軍艦に配置するだけの人員すら足りていません。これを問題視したのが安倍首相です。国防費を約一〇〇〇億円増額し、自衛隊員も約三〇〇人増員させようとしましたが、「支出が増える」と財務省が反対し、結局、増額幅は約四〇〇億円に留《とど》まりました。

前に述べたように、いま「国民の安全を守る」と称して原発の操業がストップしていますが、そのために一日約一〇〇億円ずつ余計なお金が外国に流出しているという計算があります。そのなかで財務省は、無駄な燃料費の数日分でしかない数百億円の国防費を削ることに熱心になっている。本末転倒といわざるをえません。じつに馬鹿げた話です。

日本がアジアの平和を保つために、もっとも有効な抑止力は核兵器だと思います。もし原子爆弾が開発されていなければ、冷戦下でいつ第三次世界大戦が起きても不思議ではありませんでした。歴史上、二千年以上にわたって戦争が絶えなかったヨーロッパで、現在六十年以上戦争が起きていないのは、一九五五年に西ドイツ（当時）がＮＡＴＯ（北大西洋条約機構）に加盟し、アメリカとともに核兵器を発射できる資格を得たからです。いわゆる「核シェアリング」があるのです。そのため冷戦下で対立していたソ連も、西側諸国には手出しができませんでした。逆にいま、もっとも戦争の危険性が高い地域はアジアです。日本が核兵器の使用をアメリカとシェアしていないからだと私は思っています。

「憲法改正」でシナの脅威に備える

安倍首相は第一次安倍内閣時代に防衛庁を防衛省に昇格させ、内閣に安全保障の責任者がいないという歪《いびつ》な状態を解消することに成功しました。第二次内閣では、さらにもう一歩踏み込んだ取り組みに期待しています。

近代議会制度のルーツでもあるイギリスには成文化された憲法は存在しません。「不文憲法」として過去の判例や慣習法から判断しているのです。「頻繁に変わるのだから必要ない」という考え方からでしょう。新しく定めた法律の内容が従来の法律と矛盾する場合は、古いほうを削除します。一二一五年にジョン王が承認したマグナ・カルタの条文は、八百年近くにわたって修正・削除が繰り返され、数十年前にようやくイギリスの法律上から完全に消えたのです。

一方で明治の大日本帝国憲法は、第七三条で改正要件を「衆貴両議院の総員の三分の二が出席すれば議事が開かれ、出席議員の三分の二の賛成で議決される」としています。つまり、いまの日本国憲法よりも改正が簡単でした。しかし天皇が発布した欽定憲法であったため、国民の間で「憲法は金甌《きんおう》無欠《むけつ》（傷がない金の甌《かめ》）だ」という意識が強く、結局改正は占領下で現行の日本国憲法に代えられるまで一度も行なわれませんでした。このような点も、いまの「憲法改正アレルギー」につながっているのかもしれません。

日本国憲法は「アメリカの占領が続く」という前提のもとにつくられた、いわゆる「占領基本法」と呼ぶべきものです。もし一九五〇年に朝鮮戦争が起きなければ、アメリカは五十年くらい日本の占領を続けるつもりでした。そのため日本国憲法の前文には、「日本国民は、恒久の平和を念願し、人間相互の関係を支配する崇高な理想を深く自覚するのであつて、平和を愛する諸国民の公正と信義に信頼して、われらの安全と生存を保持しようと決意した」（傍点渡部）とあります。日本人の安全と生存を諸外国に委ねることなどもってのほかです。このような代物が本当の憲法であるはずがない。

いまだに「日本国憲法は尊い」と思っている人が多いのは、日本の教育界の頂点に立つ東京大学の教授の責任が非常に大きいと私は思います。教育界では、戦前の旧制中学の校長以上は、ほとんどが公職追放に引っかかりました。随筆家の山本夏彦さんの言葉を借りれば、その空きを埋めたのは「引かれ者（江戸時代の罪人）」です。つまり戦前にコミンテルン活動などに従事して摘発されたような人たちが、戦後になって旧帝国大学の要職に就いたのです。

たとえば、東大総長の矢内原忠雄氏は戦前、「日本国をひとまず葬ってください」と言った人です。京大総長になった滝川幸辰氏は戦前、無政府主義的な法律論を教えた人です。いずれも戦後凱旋将軍のように大学に復帰しました。

そのほか東大の憲法学者である宮沢俊義氏は、一夜にして占領憲法派に変身し、また国際法学者の横田喜三郎氏は、「東京裁判は国際法的に有効だ」という学説を唱えました。彼は東京裁判を肯定する世界唯一の国際法学者なのではないかといわれています。その横田氏は、のちに司法のトップである最高裁判所長官を務め、文化勲章を授与されています。

官僚組織・学界には相変わらず東大法学部の影響が色濃く、宮沢説、横田説がいまだに常識としてまかり通っているのです。これは驚くべきことです。

いまの憲法は本当の憲法ではありませんから、「憲法改正」という言葉の使い方にも注意しなければなりません。日本国憲法を改正するという形を取れば、「日本国憲法は正式な憲法である」と、独立回復後の日本人自身が認めてしまうことになるからです。本来取るべき手続きは、あらかじめ憲法の草案を作成して、議会でまずは現行日本国憲法、つまり占領政策基本法の「無効宣言」を行ない、一瞬だけ大日本帝国憲法に戻したうえで、ただちに新憲法の発布を行なうというやり方です。

「現行法との整合性はどうするのか」という批判がありますが、「占領憲法のもとで成立した諸法律は、新憲法のもとで改正されるまでは有効とする」という但し書きをつけておけばまったく問題ありません。あくまでも日本国憲法は「占領基本法」である、という認識に立たなければならないのです。

現行の日本国憲法には、「首相の地位が明確に規定されている」「刑事裁判において、被告人が反対尋問の請求権をもつ」など、大日本帝国憲法にない優れた点も数多くあります。国民の総意が得られるなら、新憲法の大部分は日本国憲法の条文どおりでかまいません。重要なのは、現行の日本国憲法を正式な憲法だと認めない「手続き」なのです。

先にも述べましたが、改憲は安倍首相の祖父・岸信介さんの悲願でもあります。首相の踏み込んだ取り組みに大いに期待しています。

左翼から日本を取り戻す

日本国民が安倍首相にいちばん期待しているのは、おそらく景気回復でしょう。いわゆるアベノミクスのうち、金融緩和による二％のインフレについては、実現性に疑問が残るところですが、景気がよくなるのは間違いないと考えています。何より、公共事業のプラスの面をきちんと認めているのが素晴らしい。

田中角栄氏や小沢一郎氏のような政治家が、地方のゼネコンへのバラマキ政策を行なったために、公共事業のイメージは非常に悪い。けれども、新しい道路がつくられた結果、それが世界に誇る日本の自動車産業を生み出したように、公共投資は全体のＧＤＰを増やすのです。安倍首相は、きちんと経済の基本を理解しています。

百田さんは月刊誌『Ｗｉｌｌ』（二〇一二年十月号）で安倍さんと対談をされた際に、野田佳彦氏のことを「厚顔な嘘つき」と痛烈に批判されました。

私は『取り戻せ、日本を。安倍晋三・私論』（ＰＨＰ研究所）という本を出しましたが、これはいうまでもなく、安倍自民党が二〇一二年十二月の衆院選で掲げた「日本を、取り戻す。」というスローガンから着想を得たものです。

安倍さんの気持ちを忖度《そんたく》すると、このスローガンは「左翼から日本を取り戻す」という意味ではないでしょうか。

とくに、民主党の支持母体である日教組（日本教職員組合）や自治労（全日本自治団体労働組合）、そして在日コリアンといった勢力の影響力を排除することが真意である気がします。

民主党は与党になってから二年以上、代表選において在日コリアンを含むサポーター（党友）にも投票権がありました（二〇一二年より日本国籍を有する者に限定）。つまり日本の首相を選ぶ際に、外国人の投票が影響力をもっていました。これは明確な憲法違反です。

さかのぼっていえば、民主党と在日コリアンの関係が密接であるのは「原罪」であるといえます。民主党議員のなかには、戦後の五五年体制で最大野党であった社会党出身者も少なくありません。その社会党を支えたのがまさに在日コリアンなのです。

たとえば一九五一年に日本がサンフランシスコ条約に署名し、国際社会に復帰したときに、強硬に反対したのが社会党でした。占領下の日本は在日コリアンにさまざまな特権を与えており、彼らにとって非常に居心地がよかったからです。闇市で食料を調達するときも、日本人はすぐに摘発されるのに、彼らは警察に取り締まられることはなかったのです。

これは作家の吉屋信子さんが書いていたことですが、戦後間もなく菊池寛と一緒に京都に向かう汽車のなかで、菊池が「今度の選挙で社会党は金がなくて大変だろうな」と口にしたところ、たちまち屈強な在日コリアンの男たちに囲まれ、因縁をつけられたそうです。彼らの本質がわかるエピソードです。

日本人風のいわゆる「通名」を名乗っているコリアンの人に、「本名は?」と聞くと、「名誉毀損で訴えるぞ」と怒りだすそうです。祖国にプライドをもっているにもかかわらず、なぜ本来の名前を聞かれるとそうした反応を示すのでしょうか。彼らは非常に屈折しているといわざるをえません。

サイレント・マジョリティの声を聞く政治

福田康夫首相に続いて麻生太郎首相も、昔からの自民党支持者を手放すような選択を続けました。たとえば中山成彬《なりあき》国土交通大臣が「日教組は『教育のガン』だ」と批判したら、問題発言だとして罷免したり、田母神《たもがみ》俊雄航空幕僚長が「日本は侵略国家であったのか」というタイトルのエッセイを発表したときには、「政府見解と異なる歴史認識を示した」として、幕僚長という肩書を剝奪したうえで定年退官させたりしました。

これでは昔から自民党を支持していた保守層が離れていくのは当然です。もちろん麻生さんに同情する部分もあります。当時はリーマン・ショック直後で、まずは経済の立て直しに集中しなければなりませんでした。だから、できるだけマスコミから叩かれたくなかった。その気持ちに理解できる部分はありますが、それを差し引いてもあまりに腰が引けた対応でした。

さらに、二〇一一年から現在にかけては、元首相だった人たちが数人も脱原発運動の旗振り役になり、いかにも国民全体が「脱原発」の意見をもっているかのような発言をしています。しかし先の総選挙では、「日本未来の党」をはじめとする脱原発政党は、軒並み議席を減らしました。「脱原発」の問題についても、マスコミのいうことと「サイレント・マジョリティ」の意見は違うことが露呈したのです。

六〇年安保のことをいえば、当時、私は上智大学の教員になったばかりでしたが、「いまのメディアの風潮は、どこかおかしい」「岸さんのほうが正しいのではないか」という直感がありました。それで学内の同志と協力して「岸首相を励ます会」を立ち上げ、ご本人に手紙を書きつづけたのです。その後の総選挙で自民党が大勝したことで、「自分の考えは間違っていなかった」と実感しました。

マッカーサーは「自衛戦争だった」と証言した

第一次安倍内閣の果たした政策のうち、とくに私が評価しているのは、教育基本法の改正です。道徳や倫理観に関する基本的な教育方針を変えたことで、ようやく日本人が日本人であることに誇りをもてる教育ができるようになりました。

「日本が侵略戦争を行なった」というのは、東京裁判の検察側プロパガンダ以外の何ものでもありません。東京裁判関係以外に、日本を正式に批判した公文書は存在しないのです。マッカーサーもアメリカ上院の公聴会で、「日本が行なったのは自衛戦争だった」と証言しています。東京裁判史観をいまだに尊重していることが、いかに意味のないことかがわかります。

この事実さえ広く浸透すれば、日本人の意識は根本から変わると私は思います。だから、たとえばNHKのゴールデンタイムに五分ほど時間を取って、毎日、マッカーサーの言葉を使ったメッセージを放送するといいでしょう。それが現実に難しいのなら、教科書の記述を改めることです。

二〇一二年、私は育鵬社の歴史教科書編集部に、「コラム扱いでもいいから、マッカーサー証言について盛り込んでほしい」と働きかけ、囲み記事として掲載してもらいました。しかし文部科学省に提出したところ、「この記述では検定は通りません」といわれ、結局外してしまったそうです。これはもちろん担当者の意見ではなく、政府か官僚組織の中枢に、日本人の青少年に東京裁判史観を植えつけたい人物がいるということです。

私の娘はジュネーブの日本人学校で教えているのですが、日本から来た子供たちが「日本人は悪いことをした」と洗脳されているのを解くのが大変だといっています。「日本は本当は立派な国なのだ」と教えると、本当に誰もが喜ぶそうです。

安倍さんは首相就任以前から、教科書問題に関心を抱き、大手出版社の社長に「こんなことを書いていいのか」と迫ったり、教育学者の藤岡信勝氏らが設立した「新しい歴史教科書をつくる会」で講演を行なっていたと聞きます。安倍首相の改革によって、いまの教育界にさらなる風穴が開くことを期待します。

ちなみに東京裁判史観を是とするメディアの筆頭が朝日新聞です。ベストセラーになった『約束の日　安倍晋三試論』（幻冬舎）で小川榮太郎さんが書いているのですが、二〇一二年十一月に亡くなった政治評論家の三宅久之さんは、かつて朝日新聞社の主筆だった若宮啓文氏に、「どうして朝日はそこまで安倍さんを叩くのか？」と尋ねたところ、「社是だからだ」といわれたそうです。

二〇一三年一月にはアメリカのニューヨーク・タイムズ紙が安倍さんを「右翼の民族主義者だ」と強く批判しました。ニューヨーク・タイムズの東京支局は、朝日新聞社と同じビルにあります。これは邪推かもしれませんが、朝日新聞の記者が、自分たちの発言力が落ちていることに危機感を抱き、ニューヨーク・タイムズの記者をけしかけて、社論を書かせたと解釈することもできます。メディアに叩かれると、昔は反論のしようがありませんでした。私自身も朝日新聞に「渡部はヒトラーだ」という批判記事を書かれたことがありました。私は国家社会主義など一度もたたえたことがないのに。そのときは『文藝春秋』が反論を書かせてくれたから、最終的に痛み分けになりましたが、反論の場が与えられなければ、ひょっとしたら抗議の自殺をするよりほかなかったかもしれません。

歴史の授業の副読本にすべき名著『永遠の0』、多くの日本人に勇気を与えた『海賊とよばれた男』にイチャモンをつけてネガティブキャンペーンを仕掛けるほど、彼らは追い込まれつつある。私はそう解釈しています。『永遠の0』の累計三〇〇万部、『海賊とよばれた男』の一〇〇万部（上下巻合計）という数字は、日本人のサイレント・マジョリティの一端を表していると思います。

その意味で、映画版『永遠の0』で唯一、個人的に残念だったのは、原作に登場する、朝日新聞記者をモデルにした「特攻＝自爆テロ」と決めつけたかわいそうな男が出てこなかったことです。

グローバル化する世界の正体

これからの日本人が生きていく世の中は、どのような姿をしているのでしょうか。二〇〇〇年以降、ユダヤ人が望んでいたグローバル化社会にますます近づいています。世界の潮流は「ユダヤ化」です。

ユダヤ化した世界の特徴を具体的に挙げれば、まずは国境の壁を越えた「国際化」です。ユダヤ人は世界の金融を握っていますが、これはユダヤ人の陰謀ではありません。中世のキリスト教社会では金を貸して利子をとることが禁じられていたため、賎民扱いされていたユダヤ人が金貸しになったのです。ヨーロッパで国境のない、つまり人種差別されない世界をつくろうとEUを推進したのはユダヤ人でした。彼らユダヤ人からすれば、忌まわしき国境がなくなっていくグローバル化時代は、まさに長い間待ち望んだ「わが世の春」という思いでしょう。

次に、能力主義です。ユダヤ人というだけで、長い間差別を受けつづけてきた彼らは、己の能力に磨きをかけることに並々ならぬエネルギーを注いできました。その結果、金融はもちろん、学芸や芸術などの分野において目覚ましい実績を残しています。ノーベル賞受賞者の二割がユダヤ人といわれています。

第三に、契約第一主義です。その昔イギリスでは、ジェントルマン同士でお金の貸借があったときには、証書も借用書も必要なかったそうです。ところが、お金を借りた相手がユダヤ人だと、そうはいきませんでした。借用証書がなければ、お金を返す者などいなかったからです。シェイクスピアの『ヴェニスの商人』などが契約の中味の重要性を教えてくれています。

グローバル化は「アメリカ化」だと訳知り顔でいう評論家もいますが、そうではありません。アメリカという国は移民の集まりですから、能力が大事にされます。お互いの素性を知らない他人同士は信用できないから、何事もきちんと法律で定め、約束したとおりにやりましょうという社会が形成されました。つまり契約第一主義です。

もともと国がなかったユダヤ人たちは、国家に頼ることができなかったので、国境を越えて発想したり商売したりする習慣が、当然のこととして身につきました。世界が一つの市場になっていくグローバル社会では、誰もがユダヤ人のように活動しなければなりません。日本の地方都市にある小さな繊維業者ですら、中国の安い労働賃金を意識せずには商売できないのです。そういう時代になったということです。

国境の壁を低くして、世界規模で自由競争を行なうことは、グローバル時代の参加資格にすぎません。規制緩和をしてグローバル・スタンダードに合わせれば誰でも勝てる、みんなが幸せになれるというのであれば、こんなに素晴らしい話はありません。しかし現実は違います。いち早くユダヤ化したアメリカでは、日本より極端な形でグローバル化の影響が表れました。社会は分断されて一％の富裕層と九九％のそれ以外とに分かれだしました。

日本人は「他者のために自分の人生を捧げる」生き方をしてきた民族ですし、「国体」で一つにつながっている立派な国ですから、決して社会がバラバラになることはないでしょう。このような長所を残しながらも、世界の潮流をきちんと押さえて、もてる能力を存分に発揮できる環境を整えることができれば、日本が将来には世界の師表になることも考えられます。

こうした時代の流れを見据えた国家ビジョンをもち、戦略眼をもって教育改革や憲法改正に取り組もうとする安倍首相が登場しました。二〇一三年七月の参院選では、衆参のねじれも解消されました。安倍政権には、所信表明演説で掲げた「強い日本」の実現を、おおいに期待しています。

第十章

国民の声なき声が聞こえるか

百田尚樹

日本の軍備はアジアに平和をもたらすか

すべてを失ったあの戦争から七十年が過ぎようとしています。戦後の日本人は奇跡的な復興を成し遂げ、経済的繁栄と平和を謳歌してきました。ところが二十世紀後半になって日本の経済的繁栄は陰りを見せ、二十一世紀を迎えたいまでは、平和の土台が根底から揺らいでいます。

二〇一三年一月には尖閣諸島海域で中国の巡視船が海上自衛隊の船に対してレーダーを照射する事件が発生し、翌二月には北朝鮮が三度目の核実験を強行しました。安倍晋三首相が第一次内閣を発足させた二〇〇六年と比べると、東アジアの緊張は格段に高まっています。とくに中国は毎年、年率一〇%以上の軍備増強を続けており、日本から見て明らかな脅威と化しています。

歴史を振り返れば、アメリカがベトナムから撤退した翌年の一九七三年、中国は武力で西沙諸島を奪っています。一九九五年にもフィリピンからアメリカが撤退するや否や、南沙諸島の一部を占領しました。二〇〇九年に鳩山由紀夫首相（当時）が普天間基地移設問題について、「最低でも県外」と発言して、アメリカを怒らせたことがありましたが、翌年に中国の漁船が尖閣諸島海域に侵入し、海保の船に衝突する事件が起きました。中国はアメリカの影響力が少しでも減ったら攻めてくるということです。

このような中国の軍事的脅威に対して、日本は何をすべきでしょうか。自衛隊を強化するのと同時に、しっかりとアメリカと連携を取ることだと私は考えます。ただし、「あくまでも現時点では」という条件付きです。将来的にはもちろん、独自の軍隊と防衛体制を整えるべきでしょう。

日本の人口一億人に対して、自衛隊の隊員数は二五万人です。この数字のもつ意味を理解するために、日本人が平和主義国家の象徴と考えている永世中立国のスイスと比較してみましょう。スイスは人口七八〇万人に対して、軍隊は二一万人もいるのです。ちなみにスイスは徴兵制で、二十歳から三十歳の男子に兵役の義務が課されます。現役を退いても、六十歳ぐらいまでは予備役として登録されます。

一家に一丁の自動小銃が配布されていて、日常は普通の仕事をしていても、事が起きれば戦場に赴きます。歴史的には「永世中立国」としてスイスは二百年以上戦争をしていませんが、ヨーロッパの歴史は戦争の歴史そのものです。スイスは強力な軍隊をもつことが、戦争に対するもっとも有効な抑止力であり、平和の維持にはそれだけの労力がかかることを理解しているのです。二〇〇六年までは、家を建てる際に核シェルター（防空壕）の設置が義務づけられていました。

日本では、「自衛隊を強化せよ」「軍隊をもて」という主張に対して、拒否反応を示す人が少なくないと思います。そういう軍隊アレルギーの人に言っておきたいことがあります。いま世界には、およそ二〇〇カ国の国がありますが、軍隊をもっていない国は二七カ国しかありません。

ヨーロッパ五〇カ国のうち、軍隊をもっていない国は六カ国です。その六カ国がどのような国かといえば、人口約三〇万人のアイスランドがいちばん大きい国です。あとはモナコやバチカン市国、サンマリノ、アンドラ、リヒテンシュタインといった独力では国防も経済も成り立たないミニ国家ばかりです。ヨーロッパ以外では南太平洋に浮かぶツバルやラウル、グレナディーンといった島嶼《とうしょ》国で、軍隊をもつ必要性のない国々です。日本のような経済大国で軍隊をもたないのは異常です。

戦争を抑止するために軍隊をもつこと。平和を維持するために国民が常日頃から高い国防意識をもつこと。これが世界の共通認識であり、有史以来、幾多の戦火に見舞われてきた人類が身につけた知恵なのです。

「憲法改正」アレルギーを取り除く

二〇一二年十二月に発足した第二次安倍内閣は、最大の政策課題として憲法改正に取り組み、軍隊創設への道筋をつけなければなりません。

世間では、いまだに「神聖な憲法を改正するなんてもってのほかだ」という憲法改正アレルギーが蔓延しているようですが、世界中のどの国も、憲法改正はごく普通に行なっています。アメリカは一八回、フランスは二四回、ドイツは五八回憲法を改正しています。メキシコに至っては四〇八回も改正しており、世界最多の回数といわれています。

国民の生活、文化、思想あるいは国際情勢によって憲法を変えていくのは当然のことです。六十七年も変化していない日本国憲法は、すでに「世界最古」の憲法です。これほど長い時間が経てば、国民生活も世界の情勢もすべてが変わっています。にもかかわらず憲法を一文たりとも変えないのは柔軟性がなさすぎます。

日本国憲法は、日本が占領されている時代にGHQが短期間で草案をつくらせて、あたかもすべて日本人が考えたかのように体裁を整えて公布・施行させたものです。まともな法律学者であれば、これを「憲法」だと認められるはずがありません。

アメリカは戦争で痛い目に遭っていますから、二度と日本が立ち向かえないようにしました。九条で「交戦権の放棄」を押しつけたのもそうです。いまの日本には自衛隊がありますが、九条を厳密に解釈すると、相手に銃を向けられて引き金に指がかかっていても抵抗できません。私が法解釈や運用では対応できないと考える理由の一つがここにあります。

相手が実際に撃ってきて初めて「正当防衛」が成立し反撃できますが、反撃は最低限のものに限られます。たとえば一発撃たれて一〇発撃ち返したら、過剰防衛として処罰されてしまう。こんな馬鹿なことはありません。もしミサイル同士で対抗したときに、こちらのミサイルのほうが高性能だったらどうなるでしょう。これも過剰防衛になるのでしょうか。

あるいは、こういうケースはどうでしょう。ヒゲの隊長として知られる現国会議員の佐藤正久さんがイラクに派遣されたときのことです。砂漠でイギリスのジープがひっくり返り、その横でイギリス人が怪我をして倒れていたそうです。普通は助け起こすのですが、自衛隊員は気軽に助け起こすことができないというのです。まずこのジープが敵の攻撃を受けて倒れたのか、自分で勝手に倒れたのかを調べないといけない。もし敵の砲弾を受けた兵士を助けると、戦闘行為と見なされ、集団的自衛権を行使したことになってしまうからです。

ネガティブリスト、ポジティブリストという考え方があります。自衛隊はポジティブリストの考え方で、やってもいいこととして列挙された行動しか取れません。ところが軍隊は本来、やってはいけないこと以外は何をしてもいいのです。捕虜の虐待や他国での略奪など、国際法上やってはいけないことはたくさんありますが、それ以外は何をしてもいい。もし中国が攻めてきたら自衛隊はどうすべきか、不測の事態にいちいち六法全書を開く時間はないからです。日本の自衛隊も、やってはいけないこと以外は何でもできる臨機応変な軍隊の組織に変えなければなりません。

ドイツも日本と同様、占領時には連合国軍に憲法を押しつけられました。けれどもドイツ人は、それを「憲法」と見なしませんでした。「ボン基本法（ドイツ連邦共和国基本法）」と呼び、占領が解けてから条文を五〇回以上も改正し、自分たちの憲法をつくっていったのです。

このような事実をほとんどの国民は知りません。だから重要なのは、政府が憲法改正の本当の論点について、きちんとアピールしていくことです。そうすることで初めて、国民の「憲法改正アレルギー」が取り払われ、常識的な憲法観で改正を論じられるようになるでしょう。

民主党政権の失敗に学べ

日本の内閣支持率といえば、発足直後がもっとも高く、そこからじわじわと下がっていくパターンがほとんどだったのですが、安倍内閣の支持率は高止まりで推移しています。国民の間に、「やっとまともな政権が戻ってきた」という意識が浸透しているのでしょう。

民主党の歴代首相三人はひどいものでした。鳩山由紀夫氏は二〇〇九年の総選挙で、子ども手当支給、高速道路無料化、埋蔵金の発掘など、できもしない政策をマニフェストとして掲げて、まず国民を騙しました。普天間基地移設問題をめぐっては、オバマ米大統領に「トラスト・ミー」と宣言し、アメリカからの信頼を失いました。

次に首相に就任した菅直人氏は、二〇一一年六月、東日本大震災や原発事故への対応が不十分だとして内閣不信任決議案が野党から提出された際に、驚くべき行動に出ました。不信任案に同調しようとした民主党議員に対して、「近いうちに若い人に引き継ぐ」と約束して不信任案を否決にもち込んだにもかかわらず、そのまま数カ月間も政権の座に居座りつづけ、身内まで騙したのです。

民主党の三代目の首相である野田佳彦氏の政策については、私はまったく評価しませんが、最後の最後に衆議院を解散したこの政治決断だけは、日本のためになったと思います。幸いなことに安倍政権が誕生してすぐに景気が上向きました。もしあのまま民主党が政権与党の座に就いていたら、と想像するだに恐ろしいことです。

民主党の首相三代のような政治家を生まないために、私から一つ提案したいことがあります。

弁護士資格を得るには司法試験、医師免許を取得するには国家試験に合格しなければなりません。調理師にも免許がありますし、美容師にも国家資格が必要です。国会議員として国の財産や国民の生命・安全を預かる人たちが、試験も資格もなくていいのでしょうか。

もちろん国民から選挙で選ばれることが、国会議員の資格試験だという民主主義の形式論は承知しています。けれども、国会議員としての重責を担うだけの力量に足る人物が立候補しているという前提が、日本においては崩れているように思われます。

同じ議院内閣制のイギリスでは政党政治が確立していて、保守党と労働党、第三党の自由党の各政党が、小選挙区の候補者を決めるために党員投票による予備選挙を行ないます。一選挙区の候補者を決める予備選挙に、一〇〇人が手を挙げることもあるそうですから、政党による資格試験ともいえる仕組みです。

日本には政党の予備選挙がありません。誰でも立候補できる制度だから、せめて経済や法律、国防、歴史に関して一定の知識・見識を問い、その試験に合格した人が初めて被選挙権を得られるようにすべきだと思います。国家権力の介入が問題になるのであれば、各政党が協力して民間の実施機関を設ければいいでしょう。

戦後メディアの曲がり角

戦後長らく左翼的な勢力が跋扈《ばっこ》しているのが、新聞やテレビなどメディアの世界、そして教育界です。日本は敗戦後、二〇万人以上がＧＨＱによって公職追放となりましたが、どの分野でも、最終的にはほとんどの人が復帰しています。ところがメディアと教育界だけは復帰できた人が少なく、左翼の温床となりました。

まずメディアについていえば、第一次安倍内閣は、朝日新聞をはじめとする新聞やテレビから過剰なまでにバッシングされ、短い期間で残した実績が国民に十分に伝わらないまま、退陣に追い込まれてしまいました。

第二次安倍内閣になって、再び「安倍叩き」をするか否か、メディアも少し慎重になっているように見えます。民主党政権の体たらくぶりに、ほとほと愛想が尽きたからでしょうか。リベラルな論調を出すと読者が減ってしまうと懸念しているのでしょうか。

ここ数年で、インターネットを使って自ら能動的に情報を収集する若い世代を中心に、「マスコミの情報が必ずしも正しいわけではない」という意識が芽生えはじめたのも大きいでしょう。

彼らの新聞購読率は低く、ツイッターやフェイスブックといったSNS（ソーシャル・ネットワーキング・サービス）を介して、お互いに情報を交換、共有、拡散するようになりました。彼らにとってマスメディアは、唯一の情報源でもなければ民意の代弁者でもありません。マスメディアの論調と国民の真意との間のギャップは、より大きく深くなっています。

かつては、朝日新聞のもう一つの社説ともいえる「天声人語」というコラムが、大学入試によく出題されていました。朝日新聞は、受験戦争や学歴主義に批判的な記事を書きつつ、大学入試に合格したいなら「天声人語」が載っている朝日新聞を読みましょうと自社の宣伝に利用してさえいました。

その「天声人語」が最近ひどくなったように感じるのは、新聞以外の方法でも手軽にたくさんの情報が入手できるようになったため、新聞記事そのものが以前ほどの説得力をもてなくなったからではないでしょうか。マスコミの嘘、いうなれば教育界と左翼メディアが組んで、朝日新聞を読ませる戦略がバレてしまい、国民の側がついていけなくなったのです。

メディアの論調と国民の真意のギャップということでは、状況は六〇年安保のころとよく似ています。当時も日本全国が「安保反対」であるかのように新聞、テレビは報道していましたが、条約の自然成立とほぼ同時に岸内閣が倒れ、その数カ月後に行なわれた総選挙では自民党が圧勝しました。メディアの声はたんなる「大きな声」にすぎなかったのです。メディアが大多数の声を代表しているとは限らないということです。

岸信介首相はいみじくも、安保デモを前に、「私には国民の声なき声が聞こえる」と発言しましたが、それはまったく正しかったのです。いくら国会を群衆が取り囲んでも、私の両親のような大多数の庶民は、そのような運動にほとんど関心をもてなかったのですから。サイレント・マジョリティの声を聞くというのは、政治家の大きな資質の一つだと思います。

逆にいえば、二〇〇九年の総選挙で自民党が大敗した原因は、安倍首相以後の自民党政権が左翼メディアの力を過大評価して、筋を曲げてしまったところにあると思います。たとえば福田康夫首相は、記者から靖国神社参拝の是非を問われたときに、「他人（中国）の嫌がることはしない」と発言しました。これには多くの国民が失望しました。

歴史教育の嘘

日教組の教職員は子供たちに、「日本は侵略戦争を行ない、アジアの人びとを傷つけた」「日本人であることを恥ずべきだ」ということを教えてきました。そのような誤った知識を死ぬまでもちつづける日本人も少なくありません。広島県のある高校は、生徒たちを修学旅行で韓国に連れていって、戦時中の行為について現地の人に謝罪をさせたとも聞きます。世界中を見渡しても、そのような教育をしている国はどこにもありません。「侵略戦争」といっても、日本人は東南アジアの人びとと戦争をしたわけではありません。フィリピンを占領したアメリカや、ベトナムを占領したフランス、マレーシアを占領したイギリス軍と戦ったわけです。日本の行為を「侵略」と批判するなら、それ以前に侵略していた欧米諸国も批判されてしかるべきでしょう。

だからこそ政府にいま求められるのは、日本人の歴史観を正しいものに変えるために、ロビー活動、啓蒙活動を行なっていくことです。公職追放令で歴史学や国際法の世界に、まともな教員がいなくなってしまいました。このような状況で、まっとうな弟子が育つはずがありません。かつて東大法学部の憲法学者宮沢俊義氏は、「八月十五日革命説」という学説を唱えてまで、法学的には憲法改正の限界を超えている日本国憲法を正当化しましたが、あまりにも苦しい説明です。

一方で同じ東大出身でも、私が共感する福田恆存《つねあり》氏や小堀桂一郎氏、西尾幹二氏は、このような左翼的な歴史観に縛られることはありませんでした。なぜかというと、もともと英文学やドイツ文学が専門だったので、恩師たちが公職追放にならなかったからです。その意味でも、公職追放と東大法学部の悪影響は甚大です。

私は『海賊とよばれた男』のなかで、一九五三年に出光がイランから日章丸で石油をもち帰った際、イギリスの石油メジャーが積み荷の所有権を主張し、裁判になった顚末を描きました。結果的に出光が勝訴しますが、東大の国際法学者である横田喜三郎氏は、「イギリスが正しい」と評したのです。大学組織では、恩師の学説を弟子がひっくり返すことは難しいですから、その流れが続いてしまうのは仕方がないのかもしれません。

求められるリーダーシップ

グローバル経済、ボーダーレス社会は、言葉は理想主義的でもっともらしいのですが、現実には多くの問題をはらんでいます。たとえば日本メーカーが世界を相手に競争しようとすれば、製造コストをできるだけ引き下げなければ勝てません。コストを下げるためにはまず、人件費、つまり従業員に支払う給与を下げなければなりません。実際、一九九〇年代ころからは中国の人件費が安いということで、多くの日本メーカーが中国に進出しました。中国人の所得が上がってくると、もっと安い国に移転する企業が現れました。

こうした選択は、日本の国力を考えた場合、本当にベストだったのでしょうか。それまでは「メイド・イン・ジャパン」で国内の日本人がものづくりをしていました。人件費がかかって製造コストは高かったかもしれませんが、そのお金は社員や下請けを含めすべて日本人に支払われていました。企業は日本に税金を納め、労働者は高い賃金を得て、その賃金から日本製の高額な製品を買う好循環ができていました。

しかしいまや、労働者の賃金を引き下げたおかげで、企業と外国人投資家を含めた株主は儲かる一方ですが、貧富の差が拡大した結果、最大公約数の生活水準は以前より下がってしまいました。

海外進出した企業のお金は、賃金や投資、税金といったさまざまな形で国外に流出しています。最大の進出先は中国ですから、中国は日本から流出した資金を使って、日本の脅威となる軍備を増強しているわけです。日本全体の国力として強くなっているかといえば、むしろ逆でしょう。

経済至上主義のグローバル化を追求すると、問題が起こることはたしかです。だから、国内の雇用、賃金水準を維持している企業には、税制面などの優遇措置を取るべきだと個人的には思います。

私は首相になった安倍さんと、月刊誌『W·iLL』(二〇一三年十月号)で二度目の対談をしたのですが、その席で『海賊とよばれた男』の話題になりました。安倍首相は印象に残った箇所として、出光興産の創業者出光佐三をモデルにした主人公・国岡鐵造が敗戦直後に、社歴の浅い社員を辞めさせるという重役からの提案に対して、「馬鹿者！」と一喝し、「店員は家族と同然である。社歴の浅い深いは関係ない。君たちは家が苦しくなったら幼い家族を切り捨てるのか」と怒る場面を挙げました。

また、出光佐三の経営について、「まさに日本的経営の典型であり、なおかつグローバルにも成功を収めている。このエッセンスをどうにか現在にもうまく活かすことができないかなと思う」ともいっています。左翼的なマスコミが喧伝する「新自由主義」一辺倒の政治家ではないことがわかります。

たしかに経済のグローバル化は避けられません。だがその一方で、日本では崩れてしまった終身雇用制度も、欧米では逆に取り入れて業績を伸ばしている企業が少なくないといいます。雇用の安定は社員のモチベーションや頑張りにつながります。事はそう単純ではないのです。

グローバル化を推進する場合は外交力とセットにすべきでしょう。なぜなら中国のような反日国家を利してはならないからです。日本のお金を落とすことによって、安全保障上の同盟関係がより強固になるような国と手を結ぶべきです。国の方針として中国から撤退すればいい。ベトナムやタイなどを、両者繁栄のビジネス・外交パートナーに選べばいいのです。それだけの政治のリーダーシップを発揮できる人は、安倍首相しかいないと思います。

そのためにも、安倍首相には長期政権を築いてもらいたいと願っています。いまの日本の政治家は、マスコミと世論を気にしすぎます。グローバル化にともなう痛み、既得権益を打破する改革にともなう痛みは必ずあります。すべての人を満足させる政策はありません。だから政治家は、その覚悟で政策や改革を断行しなければならないし、選挙で安倍政権を選択した私たち国民にも、同じ覚悟が求められているのです。

あとがき　日本人の記憶と魂に触れる『永遠の0』の世界

渡部昇一

歴史を読んでも感情移入ができないものが少なくない。事実としては正確かもしれないが、それでは歴史が「わかった」ということにならないであろう。その一方で、自分もそのなかの一人になったような気になる歴史もある。G・K・チェスタトンはその立場から、マコーレーの『英国史』を高く評価した。マコーレーを読むと、なぜ当時の議会がチャールズ一世の首を斬りたくなったのか、それが実感できるというのである。

その意味で私が高く評価する明治史は、伊藤正徳の『軍閥興亡史』である。この本を読んで私は、まだ弱体だった明治政府が、なぜ日清・日露の戦争に突入したのか、実感することができた。

日本の歴史は戦後になって〝科学的〟と誇称する左翼の本が幅をきかせて、

教科書にすら東郷平八郎の顔写真はないが、伊藤博文を暗殺したといわれるコリア人のテロリストの顔が出されるという具合であった。司馬遼太郎の『坂の上の雲』が国民的人気を得たのは、この風潮に対するアンチテーゼというべき現象だったのではないか。あの小説――骨組みは伊藤正徳の『軍閥興亡史』と重なるところがある――のおかげで、昭和・平成の時代の日本人も、日露戦争に感情移入することができたように思われる。

この前の大戦、日本人が運命をかけた大東亜戦争については、まだいまの日本人が感情移入できる歴史がないように思われる。戦記など、個々の人たちの体験記には感情移入ができても、それは個々の戦場の話である。

そんなときに百田尚樹さんの『永遠の0』が登場した。特攻隊というものの出現は、日本人に特別の感情を起こさせるとともに、世界的にも注目されたことである。特攻隊員の手紙など、心を動かされるものが多い。ただそれはその人の話で留まってしまうことが多かった。

ところが百田さんの本は、終局的に一特攻隊員になった人の話でありながら、大東亜戦争全体のことを考えさせてくれるようになっているのである。忘れられた祖父の時代が目の前によみがえってくるのだ。読み進んでいくうちに涙が浮かぶようなところがよくある。単なるこしらえ物の小説ではなく、日本人の記憶と魂に触れるからであろう。

この小説を読んで、私が前から感じていたことが具体的に明らかになってきたように思われる。一つは上級指揮官に関しては、アメリカのほうがずっと勇気があり、大胆でもあったということである。百田さんの本に書かれているソロモン海域の戦場を見ればよくわかる。それはその戦域だけの話ではなかった。

つまり日本海軍の上層部が臆病だったということである。もちろん戦闘している将校・水兵は別であったが。さらにつけ加えれば、アメリカの将校・兵士も驚くべき勇敢さを示していた。ドーリットル爆撃隊でも、ミッドウェーの艦上攻撃隊でも、それは「特攻」といえるほど大胆なものだったことを思い出させてもらった。

第二には、日本海軍の上級司令官たちの部下に対する思いやりのなさである。ガダルカナルの戦場においても、その後でも同じである。後になるほどひどくなっていることを百田さんはよく描いておられる。いつの間にこんなふうになったのだろうか。

日清・日露戦争では目につかない。乃木大将は二人の子供——二人しかいない——を危険な戦場に出し、比較的安全な司令部付などにはしなかった。東郷元帥もいちばん危ないところで指揮していた。私の記憶でもシナ事変までは兵士を軽んずるということはなかったと思う。出征二年くらいで兵士を郷里に帰していたのだ。

どうして上級将校が下士官・兵士に対して残酷なことを押しつけるようになったのか。その時期や状況や原因などについては、十分研究する必要があるのではないかと思う。また逆に、アメリカ将兵の当時の勇敢さに対しても、十分な研究がこれから日本人にとって必要になるであろう。

百田さんの今回の本によって、多くの若い人たちがこの前の戦争で戦った人たちの心に感情移入することができたことと思う。その歴史を実感的にわからせてくれたことに対して重ねて御礼申し上げたい。

またこの本の後で、百田さんは出光佐三の活躍を明らかにしてくれた。戦後の日本人に出光の船が与えてくれた感激は大きかった。それを記憶している人も少なくなり、その偉業が歴史で教えられることもなくなっているようである。原発事故で日本のエネルギー問題が再浮上した今日、出光のような人物に光を当て、日本の歴史の重大な一面を、実感しながら追体験させてくれる本を書いてくれたことに対しても、心から御礼を申し上げたい。

百田さんの本は、ちょうど政権に就いた安倍首相の「日本を取り戻す」という志にも平仄《ひょうそく》が合っていると思う。これも日本人にとって幸いなことであろう。

対談の相手をしてくださった百田尚樹氏と、三回にわたるその企画を立ててくださったＰＨＰ研究所の『Ｖｏｉｃｅ』編集部と、原稿を整理してくださった横田紀彦氏に御礼申し上げます。

平成二十五年十一月

この作品は二〇一三年十二月、ＰＨＰ研究所より刊行された。

著者紹介

百田尚樹（ひゃくた　なおき）

1956年大阪府生まれ。同志社大学を中退し、人気番組「探偵！ナイトスクープ」のメイン構成作家となる。2006年『永遠の0《ゼロ》』（太田出版）で小説家デビュー。本作品は講談社から文庫化され、累計発刊部数500万部を超える国民的ベストセラーとなった。2013年『海賊とよばれた男』（講談社）で本屋大賞を受賞。

他の著書に、『ボックス！』（太田出版／講談社文庫）、『風の中のマリア』（講談社文庫）、『モンスター』（幻冬舎文庫）、『「黄金のバンタム」を破った男』（PHP文芸文庫）、『至高の音楽――クラシック永遠の名曲』（PHP研究所）、『フォルトゥナの鐘』（新潮社）、『殉愛』（幻冬舎）などがある。

渡部昇一（わたなべ　しょういち）

1930年山形県生まれ。1955年上智大学大学院修士課程修了。ドイツ、イギリスに留学後、母校で教鞭をとるかたわら、アメリカ各地で講義。上智大学教授を経て、上智大学名誉教授。Dr.phil.(1958), Dr.phil. h.c.(1994)。専門の英語学だけでなく、歴史、哲学、人生論など、執筆ジャンルは幅広い。1976年第24回日本エッセイストクラブ賞、1985年第1回正論大賞を受賞。

『英文法史』（研究社）、『知的生活の方法』（講談社現代新書）、『知的余生の方法』（新潮新書）、『歴史に学ぶリーダーの研究』（致知出版社）、『渡部昇一「日本の歴史」』シリーズ（ワック）、『名著で読む世界史』（扶桑社）、『アメリカが畏怖した日本』（PHP新書）、『日本とシナ』（PHP文庫）、『取り戻せ、日本を。安倍晋三・私論』『渡部昇一、靖国を語る』（以上、PHP研究所）など著書多数。

PHP文庫　ゼロ戦と日本刀
強い日本を取り戻せ

2015年2月19日　第1版第1刷
2015年3月10日　第1版第2刷

著　者　百田尚樹
　　　　渡部昇一
発行者　小林成彦
発行所　株式会社PHP研究所
東京本部　〒102-8331　千代田区一番町21
文庫出版部　☎03-3239-6259(編集)
普及一部　☎03-3239-6233(販売)
京都本部　〒601-8411　京都市南区西九条北ノ内町11

PHP INTERFACE　http://www.php.co.jp/

組　版　有限会社エヴリ・シンク
印刷所
製本所　共同印刷株式会社

ISBN978-4-569-76285-2